Irische Weisheiten und Segenssprüche

Herausgegeben von
Hermann Multhaupt

Gütersloher Verlagshaus

Bibliografische Information Der Deutschen Bibliothek

Die Deutsche Bibliothek verzeichnet diese Publikation
in der Deutschen Nationalbibliografie;
detaillierte bibliografische Daten sind im Internet
über http://dnb.ddb.de abrufbar.

ISBN 3-579-02318-7
4. Auflage, 2005

Umschlaggestaltung: Init GmbH, Bielefeld unter Verwendung
einer Fotografie von: Ernst Wrba, Sulzbach am Taunus.
Satz: Weserdruckerei Rolf Oesselmann GmbH, Stolzenau
Druck und Bindung: GGP Media GmbH, Pößneck

Gedruckt auf chlorfrei gebleichtem Werkdruckpapier
Printed in Germany

www.gtvh.de

Inhalt

Vorwort
7

Beim Aufstehen
9

Bei der Arbeit
19

Am Mittag
37

Für die Familie und Freunde
47

Auf Reisen
63

Für ein Leben mit Gott
79

Zur Verbundenheit mit der Heimat
103

Am Abend – In der Nacht
119

Zu Alter, Krankheit und Tod
133

Dein Herz sei leicht wie ein Lied.

Vorwort

Irland, das flachhügelige, seen- und moorreiche Land, bedeckt von großzügigen Grünflächen, ein Land mit meist milden Wintern und gelegentlich kühlen niederschlagsreichen Sommern und der Landwirtschaft als ertragreichstem Bestandteil für die Menschen, übt seit vielen Jahren einen ganz besonderen Reiz auf seine Kenner aus.

Das irische Volk ist erfüllt von einer tiefen Frömmigkeit, einem urwüchsigen Humor sowie einer bedeutungsvollen Hintergründigkeit, die uns durch eine große Zahl überlieferter Segenwünsche und Weisheiten aufhorchen lässt.

Viele der Texte entstammen der frühchristlichen Zeit, in der noch die keltische Tradition lebendig war. Für die Kelten hatte jeder neue Tag eine spirituelle Bedeutung, ja, er war nach ihrem Verständnis heilig. Deshalb betrachteten sie jeden Morgen, an dem die von ihnen so sehr verehrte göttliche Sonne aufging, nicht als Wiederholung einer endlosen Kette von Tagen, sondern als einen Neubeginn. Gerade die keltischen Morgengebete und -betrachtungen bringen zum Ausdruck, wie der Mensch den neuen Tag inmitten der Natur erlebte. Eine solche Einstellung färbte sich auf das gesamte Leben ab. Keltische Spiritualität hat somit die Überlieferung maßgeblich beflügelt. Der Himmel war in Irland nie so weit weg und hoch wie in anderen Teilen der Welt. Deshalb konnte man den Schöpfergott und seine himmlischen Mitbewohner, die Engel und Heiligen, Maria, Patrick, Brigid und Columba, auch auf besondere Weise in das tägliche Leben integrieren.

Ist es die direkte und ungezwungene Zwiesprache mit Gott, der unkomplizierte Umgang miteinander, die Schlichtheit und Ehrlichkeit, die uns so begeistert?
Irische Segenssprüche und keltische Weisheiten erfreuen sich in den letzten Jahren einer großen Beliebtheit. Man findet sie in Irland auf Wunschkarten, als Schmuck auf Leintüchern, als Bestandteil von Jahreskalendern oder als fundierte Textsammlungen.
Inzwischen gibt es auch einige deutsche Ausgaben, die die Faszination der Sprüche, Weisheiten und Wünsche unterstreichen. Viele Segenswünsche haben den Charakter von Gebeten und beginnen mit dem Wörtchen »may« (möge). Beim Sprechen oder Lesen kommt jedoch nie ein Zweifel auf, dass der Himmel etwas nicht vermag.

Mögen die Leserinnen und Leser dieses Buches bereit sein, die Weisheit des irischen Volkes in ihren Alltag aufzunehmen, sei es zur Besinnung, beim Aufstehen, am Mittag, bei der Begegnung mit Freunden, auf Reisen, im Angesicht des Todes oder zur Meditation.

Paderborn, im Sommer 2001 *Herrmann Multhaupt*

Beim Aufstehen

Mögest du bei jedem Erwachen
eine Stimme hören, die zu dir spricht:
Heute wird dir etwas Gutes widerfahren.

Ich habe einen Wunsch für dich

Ich habe einen Wunsch für dich an jedem Tag,
auf dass er ganz glücklich werde.
Mögen deine Gedanken so fröhlich sein
wie die irischen Kleeblätter,
dein Herz sei leicht wie ein Lied.
Möge jeder Tag dir strahlende, glückliche Stunden bringen,
die das ganze Jahr bei dir bleiben.

Mögen deine Morgen dir Freude bringen
und deine Abende Frieden.
Mögen deine Sorgen nur wenig zunehmen,
deine Segenswünsche aber sich stark vermehren.

Mit einem Lächeln

Möge es nichts geben,
das dich an den guten Vorsätzen
dieses neuen Tages hindert:
Nicht der Regen, der gegen die Scheiben peitscht,
noch der Sturm, der in den Bäumen heult,
weder das Gezänk der Kinder,
noch die dumpfe Trägheit der Kuh.
Mögest du dem Tag mit einem Lächeln begegnen.

Möge es dir zur Ehre gereichen

Dank dir, o Gott, dass ich heute aufstehen durfte,
dass das Leben wieder neu beginnt.
Möge es dir zur Ehre gereichen, o Gott, der alles gibt,
und in gleicher Weise zum Segen für meine Seele.

O großer Gott, steh meiner Seele bei
um deines Ruhmes willen.
Da ich gerade meinen Leib mit Wolle bekleide,
bitte ich dich, bedecke du meinen Leib
mit dem Schatten deiner Flügel.
Hilf mir, jede Sünde zu meiden
und die Quelle jeder Sünde zu verschütten.
Und wie der Nebel sich zerstreut auf dem Gipfel der Berge,
mache, dass meine Seele frei wird von jedem üblen Dunst.

Sei gesegnet

Beim ersten Licht der Sonne
– sei gesegnet!
Wenn der lange Tag gegangen ist
– sei gesegnet!
In deinem Lächeln und in deinen Tränen
– sei gesegnet!
An jedem Tag deines Lebens
– sei gesegnet!

Der erste Strahl der Sonne

Möge der erste Strahl der Sonne
heute das Auge des traurigsten Menschen treffen,
den du kennst.
Möge das erste Wort aus deinem Munde
heute das traurigste Auge lachen machen.

Das Geschenk des Höchsten

Den neuen Tag,
den noch nie gewährten,
möge Gott mir segnen.
Er ist das Geschenk des Höchsten.
Du schenkst ihn mir, ruhmreicher Gott.

Mögest du mich segnen,
segne mein Auge,
dass es sieht, was du ihm zu sehen erlaubst.
Dass ich meinen Nächsten segne,
gewähre mir, o Gott.
So segne mein Nächster auch mich.
Ein reines Herz schenke mir.

So schenke ich reine Gedanken
an die, die mich umgeben:
meine Frau, meine Kinder, mein Vieh.
Du aber umgib mich ganz, o Gott,
jetzt am Morgen, am Mittag und immerdar.

Ich beuge mein Knie

Da ich dieses Feuer entzünde, Herr,
beuge ich mein Knie und verharre vor dir.
Entzünde in meinem Herzen eine Flamme der Liebe.

Liebe, um mein Haus zu erwärmen
und alle, die mir teuer sind.
Liebe, um meine Nachbarn und diese Gemeinde aufzuheitern.
Liebe, um meine Freunde und Feinde zu trösten.
Liebe, um den Weg zu erhellen, den ich gehe.

Gott, da ich dieses Feuer entzünde,
stehe ich vor dir.
Sei eine glänzende Flamme vor mir,
sei ein leitendes Licht über mir,
sei ein herzliches Willkommen mir voraus –
heute, morgen und für immer.

Mögen Sünde und Verlust im Verlauf dieses Tages
von mir fern gehalten werden.

Ich stehe mit Gott auf

Ich stehe mit Gott auf,
möge Gott sich mit mir erheben.
Gottes Hand umfasse mich,
ob ich sitze oder liege,
oder ob ich mich erhebe.

Gott, bleibe ...

Einen neuen Tag von deiner großen Ewigkeit
schenkst du mir, o Gott.
Ein neuer Tag gibt mich
in deine liebende Hand.

Du bist der Stern des Morgens,
du bist der Tag, der frisch geboren wurde.
Du bist das Licht unserer Nacht,
du bist der Retter dank deiner Macht.

Gott, sei den ganzen Tag bei mir,
Gott, bleibe stets an meiner Seite,
Gott, sei auch da in der Nacht,
erhalte mich durch dein Licht.
Gott, sei in meinem Herzen,
Gott, bleibe, gehe nie fort.

Gottes Schutz

Gott sei mein Schutz,
er wache über meinen Schlaf und mein Erwachen.
Gott sei bei mir beim Gehen,
er segne alles, was ich tue.
Gottes allmächtige Gewalten
mögen meine Stunden bei Tageslicht behüten.
Gottes Geist kräftige meine langen Tage.

Ich erhebe mich, Herr, mit dir,
mögest auch du dich mit mir erheben.
Wenn ich liege, sitze, stehe,
halte mich sicher in deiner Hand.

Ich grüße dich, Herr

Bevor ich hinausgehe,
lass mich dich grüßen, Herr.
Möge ich den Tag preisen
wie das schönste Geschenk meines Lebens.
Lass mich alle Tage preisen,
denn sie kommen von dir.

Wie eine leuchtende Flamme

Möge die Glut deines Torffeuers nie erkalten.
Möge auch die Liebe zu Gott nie verlöschen.
So wie du jeden Morgen das Feuer neu entfachst,
möge auch deine Liebe zu Gott neu emporwachsen
wie eine leuchtende Flamme.

Entzünde ein Feuer

Herr, entzünde in mir
einen Funken Liebe
zu Verwandten, Feinden und Freunden,
zu allen bedeutenden oder geringen Menschen.
Herr, entzünde ein Feuer,
das nie verlöscht.

Steh auf

Bei Tagesanbruch ruft der Gockel:
»Steh auf, steh auf und verlasse dein Bett.
Wenn du den Weg Gottes gehst,
ist viel zu tun, bevor es Abend wird.«
Der Segen Gottes über die,
die seinen Weisungen folgen,
sowohl bei Tag wie bei Nacht.

Der du in den Höhen herrschst

Den ganzen Tag über beschütze mich,
großer Gott, der du in den Höhen herrschst.
Du weißt, wie klein ich in Wahrheit bin;
ohne dich bin ich nichts.
Sei du bei mir auch in der Nacht
und bringe mich letztendlich in dein großes Licht.

Segne mir, o Gott

Segne mir, o Gott,
meine Seele und meinen Leib.
Segne mir, o Gott,
meinen Glauben und meine augenblickliche Lage.
Segne mir, o Gott,
mein Herz und meine Sprache.
Und segne mir, o Gott,
die Fähigkeiten meiner Hände.

Die Kraft des Morgens bleibe bei mir,
die Stärke und Weisheit der Gedanken
mögen mich begleiten.
Lass mich deinen Weg erkennen,
bis ich schlafen gehe in dieser Nacht.

Wer immer an deine Tür kommt,
du musst ihm zu essen geben oder für ihn sorgen,
ohne Fragen zu stellen.

Du hast mir diese Zeit geschenkt

Gott, segne mir den neuen Tag,
der mir noch nie gewährt wurde.
Er ist geschaffen,
um deine eigene Gegenwart zu bezeugen.
Du hast mir diese Zeit geschenkt, o Gott.

Segne mir meine Augen,
mögen meine Augen all das segnen, was du siehst.
Ich will meinen Nachbarn segnen,
möge mein Nachbar mich segnen.

Gott, gib mir ein reines Herz,
lass mich nicht aus dem Blickfeld
deines Auges verschwinden.

Segne meine Kinder, meine Frau,
und segne meine Habe und mein Vieh.

Nicht rosten …

Möge die Zeit rasten,
wenn du die Stunden mit Leben füllst,
aber nicht rosten,
wenn du nicht weißt,
wie dir was von der Hand geht.

Bei der Arbeit

Möge bei allem, was du tust,
außer deinen Händen auch das Herz beteiligt sein.

Dank für Talente

Dank sei dir, Gott, für die Talente,
die du mir gegeben hast,
für jeden Tag, jede Nacht
zu Lande und zu Wasser,
für jedes Wetter, heiter, wild und ruhig.
Dank für dein Auge,
um Schaden von mir abzuwenden,
für jede Zeit,
für Ebbe und Flut,
für deinen Arm, den du um mich legst.
Für jedes Geschenk möchte ich dir danken.
Die beste Gabe bist du selbst für mich.

Der Christus der Liebe,
voll der Gnade des Vaters,
möge mich heute bei der Arbeit
zum Guten anleiten
– wo ich auch bin.

Möge die Freude dein Herz erwärmen,
wenn du an deine Arbeit gehst.

Mögen deine guten Unternehmungen
nie durch die Hinterlist des Teufels
vereitelt werden.

Möge dir die Arbeit immer flott von der Hand gehen,
nicht minder eifrig sei deine Hand,
wenn sich eine andere um Hilfe
nach der deinen ausstreckt.

Der Morgen begrüße dich voll Sonne.
Der Mittag möge dich so freundlich stimmen,
dass du am Abend zufrieden
auf dein Tagwerk zurückblicken kannst.
Die laue Nacht aber möge dich
mit erquickendem Schlaf beschenken.

Wenn du strauchelst,
weil dir die Arbeit zu schwer wird,
möge die Erde tanzen,
um dir das Gleichgewicht wiederzugeben.

Möge deine Arbeit gelingen,
der Misserfolg dich nicht so mutlos machen,
dass du über dein Unglück nicht lächeln kannst.

Mögen die Grenzen, an die du stößt,
einen Weg für deine Träume offen lassen.

Möge das Feuer,
das du in deinem Herd schürst,
nie verlöschen,
möge aber auch die Wärme nicht erkalten,
die du einem Fremden schenkst.

Möge die Katze dir nicht
in den Milchtopf treten,
der Hund den Butternapf nicht umstoßen,
die Maus den Schinken nicht riechen.
Mögest du Nachsicht haben
mit der Tollpatschigkeit der Tiere,
so wie du dir
deine eigene Ungeschicklichkeit verzeihst.

Welche Geschäfte du auch immer betreibst,
stell dir vor,
Gott könnte dein Partner sein.
Möge dein Webstuhl nur gute Gedanken
zu wärmenden Tüchern weben.

Nichts ist so leicht, wie es scheint.
Jedes Ding braucht mehr Zeit, als du erwartest.
Und wenn etwas schief gehen kann,
dann im ungeeignetsten Augenblick.

Möge die Wolle, die du spinnst,
nicht von schwarzen Schafen stammen.

Möge deine Hand groß genug sein,
wenn du die Früchte des Feldes
zu einem Freund trägst.

Mögest du bei der Arbeit
nicht nur Zuschauer haben.

Möge die Geschicklichkeit deiner Arbeit
in deiner Verwandtschaft viele Nachahmer finden.

Mögest du deine guten Fähigkeiten
nie durch Zweifel und Rückschläge beschränken.

Mögest du keine Grenzen kennen,
wenn du etwas Gutes tun kannst.

Ein verdientes Lob wiegt mehr
als hundert unberechtigte Tadel.

Möge das Herz planen,
und mögen die Hände tun.

Mögest du auch den Esel spüren lassen,
dass er seine Arbeit nicht umsonst tut.

Wenn du dein Dach deckst,
binde fromme Wünsche in das Schilf.

Tue deine Arbeit nicht nur
mit dem Blick zur Erde,
sondern auch zum Himmel.

Immer etwas zu tun

Möge das Dach deines Hauses nicht undicht werden,
die Glut des Feuers nie zu Asche fallen,
mögen deine Fenster nicht blind
und deine Türen nicht morsch werden.
Mögen deine Hände immer etwas zu tun haben.

Möge dein Haus stets vom Lachen
deiner Familie widerhallen,
auch wenn die Geräusche der Arbeit es übertönt.

Gott erhalte dich gesund,
damit du die Früchte deines Schaffens
genießen kannst.

Wer an einem kalten Tag sät,
wird nicht an einem warmen Tag ernten.

Sei nicht neidisch auf den, der bereits auf dem Heimweg ist,
wenn du auf dein Feld hinausgehst.

Gehe mit gutem Beispiel voran.
Wenn es dir aber nicht möglich ist,
scheue dich nicht, einem guten Beispiel zu folgen.

Milchsegen

Komm, Maria, und melke meine Kuh,
komm, Brigid, und stelle dich zu ihr,
komm auch du, freundlicher Columba,
lege deine Arme um meine Kuh.

Ho, meine Kuh, meine lammfromme Kuh,
ho, mein Kalb, mein lammfrommes Kalb.
Meine Kuh, du liebe, großmütige und freundliche,
um des Hochkönigs willen, Columba, rede der Kuh gut zu.

Komm, Jungfrau Maria, zu meiner Kuh,
komm große Brigid, du schöne,
komm, du Milchmädchen Jesu Christi,
und lege deine Arme unter meine Kuh.

Ho, meine Kuh, o meine zahme Kuh,
liebreizende schwarze Kuh, sei nicht so schüchtern,
du erste Kuh im Stall, du vorzügliche Mutter der Kälber,
mit Strohbüscheln will ich dich belohnen,
eine Fessel aus Seide lege ich um die Füße deines Kalbes,
o mein Kalb, mein sanftes, lammfrommes Kalb.

Der Tag des heiligen Columba

Donnerstag – Tag des gütigen Columba,
Tag, um das Schaf beim Bock glücklich zu machen,
Tag, um die Kuh ans Kalb denken zu lassen,
Tag, um den Webkamm durch die Maschen zu ziehen,
Tag, um den Hering ins Salzwasser zu legen,
Tag, um zu gebären, Tag, um zu sterben,
Tag, um in großen Höhen zu jagen,
Tag, um die Pferde anzuschirren,
Tag, um die Herden auf die Viehweide zu schicken,
Tag, um Gebete wirksamer werden zu lassen,
Tag meiner Geliebten – der Donnerstag,
Tag meiner Geliebten – der Donnerstag.

Gut bei Laune

Mögen die Heiligen,
deren Namen alle Tage des Jahres füllen,
immer so gut bei Laune sein,
dass sie uns vom Himmel aus gern
auf unserem Erdenweg begleiten.
Unsere Rufe mögen sie erfreuen,
damit sie sich unserer erinnern,
unsere Gebete sie anstacheln,
damit sie uns ihre Fürsprache angedeihen lassen
und bei dem, der über alle Welt herrscht,
ein gutes Wort für uns einlegen.

Ich will diese Herde weiden

Ich will diese Herde weiden,
wie es der König der Welt bestimmt hat.
Brigid möge sie erhalten,
auf sie Acht geben, sich um sie kümmern,
ob auf der Höhe, in der Bergschlucht, in der Ebene,
ja, Brigid möge sich um sie kümmern.

Steh auf, schöne Brigid,
leg deinen Kamm beiseite,
mit dem du dein schönes Haar kämmst,
komm und lenke meine Herde so, dass sie sich nicht verirrt.
Bewahre sie vor Schaden.
Halte sie fern von Felsen, von falschen Richtungen,
von Flüssen,
von krummen Wegen und versteckten Fallgruben.
Hinterhältige Pfeile sollen sie nicht treffen,
auch Herzen von Neid mögen ihnen fern sein
wie die Augen des Bösen, der Banshee*.

Mutter Maria, kümmere du dich um alle Nachkommenschaft.
Brigrid mit den hübschen Händen, weide du meine Herde.
Freundlicher Columba, du Heiliger mit vielen Talenten,
sorge du für die trächtigen Kühe,
die meinen Herden geschenkt werden.

* *Fee, die die Totenklage singt*

Möge der Sohn Gottes mit mir weiden

Wenn du im Moor umherziehst,
mal in der Nähe der Menschen,
wenn du im Moos unterwegs bist, hügelauf und -ab,
möge der Sohn Gottes mit dir weiden.
Mögest du sicher und heil nach Hause zurückkehren,
ja, mögest du sicher und heil nach Hause zurückkehren.

Die gesegneten Wohnorte von Cormac und Columba
mögen dir Heimat sein,
die Heiligen mögen dich
bei deinem Auftrieb und Wiederkommen beschützen.
Und auch des Milchmädchens weiche Hände
mögen segnend über dir ruhen:
Brigid, mit den Strähnchen goldenen und braunen Haares,
ja, Brigid mit den Strähnchen goldenen und braunen Haares.

Möge der Teufel in der längsten aller Nächte
dir nicht die Muster vom Webstuhl stehlen.

Möge deine Arbeit wie ein
immer währendes Gebet sein,
das die Schätze deiner Seele mehrt.

Möge niemand die Sonntagsruhe
deines Webstuhls entweihen.

Mögest du deine Liebe
in dieses Tuch weben,
dann wird der Käufer nie frieren.

Möge es deinem Feuer nicht an Torf fehlen
und deinen Kindern nicht an Fleisch.

Mögest du nie mehr arme Tage erleben.
Möge deine Bratpfanne nie vor Leere stöhnen.

Mögest du heute beim Anblick dessen,
was du tun musst,
nicht über deine eigenen Füße stolpern.

Möge die Saat, die du ausgestreut hast,
dir und den deinen hundertfältige Frucht bringen,
tausendfältige jedoch, wenn du sie teilst.

Vor Schaden bewahren

Der Segen Gottes breite sich über deine Farm aus,
über deine Schweine und deine Kuh.
Möge St. Michael deine Ernten,
deine Felder, das Getreide in der Scheune
vor Schaden bewahren.
Und die liebe St. Brigid gebe Frieden und Ruhe allen,
die dieses dein Land beackern.

Mögen deine Kartoffeln keinen Frost bekommen
und der Kohl keine Würmer.
Möge deine Geis genug Milch geben,
und wenn du einen Esel erbst,
möge er trächtig werden.

Möge das schwarze Schaf in deiner Herde
nicht der irrigen Ansicht sein,
dass alle anderen Fehlfarben tragen.

Schursegen

Geh geschoren weg und komme voller Wolle zurück,
gebäre das weibliche Lamm für das Beltane*-Fest.
Möge die liebreizende Brigid dich ausstatten
und die hübsche Maria dich stützen,
ja, die hübsche Maria dich stützen.

Michael, das Oberhaupt der Engel, möge dich
vor dem bösen Hund und vor dem Fuchs beschützen,
vor dem Wolf und vor dem schlauen Bär,
vor den Klauenvögeln und ihren zerstörenden Schnäbeln,
vor den Klauenvögeln mit ihren hakenförmigen Schnäbeln.

Mit Gottes Hilfe

Alles, was ich mit meinem Spaten umgrabe,
tue ich mit meines Gottes Hilfe.

Alles, was ich mit meinem Spaten umgrabe,
tue ich mit Hilfe meines Retters.

Alles, was ich mit meinem Spaten umgrabe,
tue ich mit Hilfe des Heiligen Geistes.

Alles, was ich mit meinem Spaten umgrabe,
tue ich mit Hilfe der göttlichen Dreifaltigkeit.

Jedes Mal, wenn ich den Boden umgrabe,
tue ich es um der Drei in Eins willen.

* *keltisches Fest*

Mögen deine Feinde die Bienen hören,
aber mögest du den Honig ernten.

Möge dich nie das Gefühl beschleichen,
einen Tag nutzlos verbracht zu haben.

Mögest du deiner Arbeit nie überdrüssig werden.

Bekenntnis eines Mönches

Meine Feder raschelt über das Pergament,
Stunde um Stunde,
zum Lobe und Ruhme deines Namens, Herr,
denn die Worte, die ich niederschreibe,
bedächtig und mit schwacher Hand,
sollen dir zur Ehre gereichen.

Abends ist meine Hand
müde vom Schreiben.
Doch meine Liebe zu dir
lässt mich nicht ruhen.

Meine Feder hat den Schnabel eines Vogels,
der begierig nach Nahrung sucht.
Ich tauche meine Feder in die Tinte.
Sie reiht Silbe an Silbe
zur Verherrlichung des Schöpfers.

Möge deine Arbeit Liebe und Wärme denen geben,
die dir anvertraut sind.

Mögest du alles, was du tust,
aus Überzeugung und mit dankbarem Herzen tun.

Mögest du alles, was du tust,
vor dir selbst stets verantworten können.

Möge die Schönheit, wie sie von Gott gewollt ist,
die Grundlage deiner Arbeit sein.

Der Sonntag – der Herrentag

Der Sonntag ist der 7. Tag.
Gott bestimmte ihn zum Ruhetag,
damit wir des ewigen Lebens gedenken.

Lass den Ochs zu Haus,
lass den Mann daheim,
beanspruche weder Tier noch Mensch.
Widme dich nicht deinen Geschäften.

Verbringe den Tag, wie Maria ihn verbrachte,
ohne den Seiden- oder Satinfaden zu spinnen,
ohne Nähen, ohne Stickerei.
Ohne zu säen, ohne zu eggen, ohne zu mähen.
Ohne Krach, ohne Spiele, ohne zu fischen,
ohne auf die Jagd zu gehen,
ohne Pfeile zuzurichten,
ohne Korn zu dreschen,
ohne Brennofen und Mühle zu bedienen am Herrentag.

Wer auch immer den Sonntag, den 7. Tag, einhält
– für den dauert er vom Sonnenuntergang am Samstag
bis zum Sonnenaufgang am Montag.
Er wird seine Belohnung bekommen:

reichen Ertrag nach dem Pflügen,
Fisch aus dem reinen Salzwasserstrom,
Fisch, der alle Erwartungen übertrifft.

Das Wasser des Herrentages ist mild wie Honig,
es eignet sich vorzüglich als Getränk.
Möge Gesundheit die Folge seines Genusses sein
und keine Krankheit dich quälen.

Trauer ist am Herrentag fehl am Platz.
Eine Frau, die weint, kommt am Sonntag ungelegen;
lass sie beizeiten am Montag weinen,
aber nicht einmal am Sonntag.

Der Wald ist am Sonntag besonders still.
Selbst der Teich bewahrt seine Ruhe.
Alles schläft bis Montag.

Montagmittag wird der Wald schnell wieder lebendig,
und mit der großen Lebensflut draußen
beginnt auch wieder die Geschichte meiner Mühen und Plagen ...

Mögen auch zwei gefaltete Hände
Hände der Arbeit sein.

Mögest du deine Arbeit mit dem Gebet krönen.

Das Haus sei gesegnet ...

Möge das neue Haus
an seinen vier Ecken gesegnet sein.
Brigid wache an der rechten Vorderseite,
Finnian an der linken Vorderseite,
Cormac verweile an der rechten Hinterseite,
Columba an der linken Hinterseite.
Adamnan setze sich auf den Dachfirst,
Colman hüte den Eingang,
Canice behalte den Ausgang im Auge,
Finbarr sei Herr über das Feuer,
Flannan sei Herr über die Dachbalken,
Benignus schütze das Wasser im Brunnen,
Patrik, aber,
der glorreiche Schutzherr Irlands,
breite seine Hände segnend über das ganze Haus.

Am Mittag

Mögest du in der zweiten Hälfte des Tages
nie die erste bedauern.

Die Glocke

Ich höre die Glocke,
die meiner Arbeit Einhalt gebietet.
Für einen Augenblick halte ich inne,
um mich deiner Gegenwart zu vergewissern,
die Fleisch geworden ist
durch das Wort.

Der Engel des Herrn brachte Maria die Botschaft.
Unter der Sonne im Zenit,
die den Tag teilt,
beuge ich das Knie.

Möge das Glück der Iren
dich zu glücklichen Höhen führen,
und der Höhenweg, den du
in der Mittagssonne gehst,
sei mit grünen Lichtern bestückt.

Mögest du an jedem Mittag die Arbeit unterbrechen,
aber nicht, um den Vormittag zu loben
und den Nachmittag zu bejammern.

Möge dein Tag nicht erst beginnen,
wenn dir die Sonne auf den Kopf sticht.

Ich wünsche dir
einen Morgen voller Erwartung,
einen Mittag voller Taten,
einen Abend voller Erfüllung
und eine Nacht voller Dank.

Wer mittags sein Bett macht,
weiß nicht, welchen Segen der Morgen hat.

Wenn du arbeitest,
gib jeder Tageshälfte ihr Recht.

Jeder Tag hat zwei Hälften.
Mögest du keine der anderen vorziehen.

Möge dich beim Essen immer der Gedanke begleiten,
dass sich auch das kleinste Stück Brot noch teilen lässt.

Einen Segensspruch über die Brote,
den Fisch.
Tausende wurden einst satt.

Gott gebe allen zu essen.
König des Festmahls, Herr der Nahrung,
segne alles, was wir haben,
segne alles, was wir teilen.

Wenn du deinen Whiskey trinkst,
bedenke, dass es auch ein anderes Wasser
des Lebens gibt.

Möge dein Ohr nie taub sein,
wenn jemand um einen Schluck Milch bittet.

Zu jeder Zeit,
die wir beieinander sitzen und essen,
lasst uns Gott im Himmel danken
für unser Brot und für unser Zusammensein.
Es ist Gott, der unseren Tisch deckt,
den wir loben, den wir anbeten.

Sei mit mir, o Gott, beim Brotbrechen,
sei mit mir, o Gott, wenn ich mein Mahl teile.
Lass nichts von dem, das mein Körper zu sich nimmt,
meiner hungrigen Seele schaden.

Möge dein Blick so freundlich sein,
dass er dem Hungrigen eine Mahlzeit ersetzt.

Möge dieser Tisch nicht nur
hungrige Menschen versammeln,
sondern auch ein Ort des Wortes
und der Freundschaft,
des Lachens und des Zusammenhalts sein.

Mögen deine Hände zahlreich sein ...

Einer war da, der teilte,
und alle wurden satt.

Mögen deine Hände so zahlreich sein
wie die Gäste an deinem Tisch,
damit du jedem eine Hand ausstreckst,
die gibt,
wonach er hungert
und wonach er Durst verspürt.

Mögest du so viele Herzen haben
wie Menschen an deinem Tisch Platz finden.
Damit jedes Herz für einen anderen schlägt
und aus jedem Herzen ein Wort kommt,
das den anderen tröstet und glücklich macht.

Dankgebet

Dank sei dir, o Gott,
gepriesen seist du, o Gott,
Verehrung sei dir, o Gott,
für alles, was du mir zuteil werden ließest.
Du hast mir ein körperliches Leben gegeben,
für das ich meine Nahrung verdiene.
Du hast mir auch eine Seele geschenkt,
für die ich auch Nahrung erbitte.
Gewähre mir einst ewiges Leben,
damit ich dich in deiner Glorie sehen darf.

Gib mir deine Gnade, so lange ich lebe,
schenk mir deine Gnade in der Stunde meines Todes.
Sei bei mir, o Gott, bei meinem letzten Atemzug,
ja, o Gott, sei bei mir in den tiefen Strömungen des Lebens.
Sei bei meiner Seele in allen Strömungen des Lebens.
O Gott, sei bei meiner Seele,
wenn sie die Furten* im Strom zur Ewigkeit auslotet,
wenn sie die tiefen Fluten überquert.

Wie die Wärme der Sonne
und das Licht des Tages
möge das Glück Irlands
hell auf deinen Weg leuchten.

* *Durchgang durch das Wasser*

Mögest du glücklich sein
und am Ende aller Regenbogen
einen Topf voll Gold finden.

Bedenke, dass die Enden des Regenbogens
in der Erde zu Hause sind,
der Bogen aber die Weite des Himmels überspannt.

Du glorreiche Sonne

Das Auge des großen Gottes,
das Auge des Gottes der Herrlichkeit,
das Auge des Königs der Heerscharen,
das Auge des Königs des Lebens
ruhe auf uns
in der Stunde des höchsten Sonnenstandes,
zu jeder Zeit und Jahreszeit.
Es ruhe sanft und großmütig auf uns.

Ehre sei dir,
du glorreiche Sonne.
Ehre sei dir, Sonne du,
Gesicht des Gottes des Lebens.

Heil dir, du Sonne

Heil dir, du Sonne der Jahreszeiten,
die du die Firmamente hoch oben durchquerst.
Deine Schritte gehen fest auf den Flügeln der Himmel.
Du bist die glorreiche Mutter der Sterne.
Du bettest dich zur Ruhe im wütenden Ozean
ohne Schaden und Furcht.
Du erhebst dich aus dem friedlichen Wellenkamm
wie eine königliche Maid im Duft der Blüten.

Sei bedacht, dass du am Mittag
die Hälfte deiner Arbeit getan hast
und nicht am Abend.

Möge die Sonne über dir ein verlässlicher Begleiter
durch den Tag sein.
Bei Regen aber mögen gute Gedanken dich schützen.

Gott sei auch mit dir zufrieden,
wenn du im Alter
nur einen halben Arbeitstag zuwege bringst.

Unter dem Mantel deiner Strahlen

Sonne, hoch dort droben,
unter dem Mantel deiner Strahlen
wärme mir die Glieder,
die frostigen Finger,
die schmerzenden Füße.
Mache den Rücken geschmeidig
für die Last, die ich trage,
mache meine Sinne froh
bei dem Gedanken an die Lieben daheim.

Möge der sanfte Abend
der Ausklang des lebhaften Mittags sein.

Der Weg des Lichtes

Licht unter dem Bogen des Himmels,
im Osten hat Gott dich entzündet,
im Süden steigst du über die Gestirne empor,
im Westen verhauchst du die letzte Glut.
Dein Weg
zeige den Lauf des Lebens
vom Augenblick der Geburt
bis zum Augenblick der Vollendung.

Die Freude des geteilten Tages

Möge der Mittag die Freude des geteilten Tages sein.
Er möge auch dich daran erinnern,
was Gott für die Menschen tat:
Dass er den Engel zur Jungfrau schickte
und ihr seine Botschaft brachte,
und dass die Jungfrau den Erlöser gebar
aus freiwilligem Entschluss
mit bereitem Herzen
zum Heil der Welt
und zur Überwindung der Sünde.

Mögest du nie vergessen,
was die Jungfrau tat,
Maria, die demütige Magd,
die so makellos ist
wie der reinste der Bergseen Connemaras,
in dem der Himmel sein Bild schaut.

Möge dein Gebet,
das um Wohltaten bittet
für das Brot auf dem Tisch
und die Gesundheit des Leibes
nie ohne Dank sein
für die Befreiung von den Fesseln
der Sünde.

Mögest du der Jungfrau gewogen sein,
und die Jungfrau möge dir gut sein
solange der Tag sich am Mittag teilt,
solange du lebst.

Für die Familie und Freunde

Mögen deine Freunde dich achten,
Krankheiten dich vernachlässigen,
Engel dich beschützen,
und möge der Himmel dich annehmen.

Meilen für Meilen

Ich wünsche dir einen Regenbogen
nach Regenschauern
an einem Sonnentag.

Ich wünsche dir Meilen für Meilen irischen Lächelns
für kostbare und glückliche Stunden.

Ich wünsche dir Kleeblätter an deinem Torweg,
ebenso Frohsinn und Glück.

Ich wünsche dir eine nie endende Schar von Freunden
für jeden Tag,
dein ganzes Leben lang.

Möge dein Herz warm und glücklich sein
mit einem Quäntchen irischen Lachens
an jedem Tag,
auf allen Wegen,
für immer und alle Zeit.

Möge dein Haus voller Lachen sein,
mögen sich deine Taschen mit Gold füllen,
und mögest du so viel Glück haben,
wie dein irisches Herz festhalten kann.

Möge Gott dich schützen,
möge seine große Liebe
in deinem Haus
und in den Herzen aller bleiben,
die darin wohnen.

Mögest du mit guter Gesundheit gesegnet sein,
um dich des Lebens zu erfreuen.

Reicher Segen

Möge reicher Segen dich begleiten.
Deine Freunde mögen dir immer zur Seite stehen.
Krankheiten mögen dich meiden.
Ob reich oder arm – wo immer du dich befindest,
möge Glück dich umgeben, jetzt und immerdar.

Mögest du dir die Zeit nehmen,
die stillen Wunder zu feiern,
die in der lauten Welt keine Bewunderer haben.

Eine Welt der guten Wünsche

Mögest du haben:
eine Welt der guten Wünsche unter deinem Befehl.
Gott und seine Engel nah zur Hand.
Freunde und deine Familie, die dir ihre Liebe schenken
– und irische Segenswünsche in deinem Herzen.

Ein weiches Kopfkissen für deinen Kopf

Mögest du immer zu essen haben,
ein weiches Kopfkissen für deinen Kopf.
Mögen gute Freunde dich begleiten
und deiner Kinder Kinder dich erfreuen.
Und mögest du 40 Jahre im Himmel sein,
bevor der Teufel deinen Tod bemerkt.

Mögest du mit verlässlichen Freunden
gesegnet sein.
Mögen deine Freunde in dir
einen verlässlichen Freund finden.

Möge das Leben dich lehren,
dir selbst ein guter Freund zu sein.

Es ist besser, einen kleinen Blumenstrauß zu kaufen
und ihn deinem Freund noch heute zu geben,
als ein Bukett weißer und roter Rosen
nach seinem Tod auf seinen Sarg zu legen.

Uns immer lieben

Mögen alle, die uns lieben, uns immer lieben.
Möge Gott jenen, die uns nicht lieben,
ihre Herzen umkehren.
Und wenn Gott ihre Herzen nicht wandelt,
möge er ihre Fußgelenke verdrehen,
so dass wir sie am Hinken erkennen können.

Möge deine rechte Hand
nur immer in Freundschaft ausgestreckt sein
und nie, wenn sie Mangel leidet.
Möge Gott dir ein Bett
in der Pracht des Himmels bereiten.

Mögen eure Hände
immer in Freundschaft verbunden sein
und eure Herzen für immer in Liebe.

Immer daran erinnern ...

Mögest du dich immer daran erinnern,
dass du die Dinge vergisst,
die dich traurig gemacht haben.
Mögest du niemals vergessen,
dich an die Dinge zu erinnern,
die dich glücklich gemacht haben.

Mögest du dir immer vornehmen, die Freunde zu vergessen,
die sich als untreu erwiesen haben,
doch niemals jene, die zu dir gestanden sind.
Mögest du dir immer bewusst machen,
dass du die überstandenen Sorgen vergessen sollst,
aber niemals die Segensworte,
die jeden Tag über dich gesprochen werden.

Mögen sich deine Wünsche erfüllen außer einem,
so dass du immer etwas hast,
wofür du ringen, wonach du streben kannst.

Möge Gott mit dir sein und dich segnen.
Mögest du deiner Kinder Kinder erleben.

Mögest du nichts als Glück erfahren
von heute an in alle Zukunft.

Mögen deine Kinder dir nacheifern,
wenn sie aber besser sind als du,
unterlasse nicht, es ihnen zu sagen.

Mögen deine Kinder sich an dir
ein Beispiel nehmen können
– mögest du ihnen immer
ein Beispiel sein.

Gesundheit und ein langes Leben für euch,
Land, das ihr nicht pachten müsst
und jedes Jahr ein Kind.
Und wenn ihr nicht in den Himmel
kommen könnt,
möget ihr wenigstens in Irland sterben.

Mögen Frieden und Überfluss die Ersten sein,
die die Klinke eures Hauses niederdrücken.
Glückseligkeit werde zu eurem Haus geführt
durch das Licht von Weihnachten.

Möge St. Patrick euch beschützen,
wo immer ihr geht, und euch führen,
was auch immer ihr tut,
und möge sein liebender Schutz euch immer ein Segen sein.

Mögen die Leprechauns* in eurer Nähe sein,
um Glück auf euren Weg auszubreiten,
und mögen alle irischen Engel
am St.-Patricks-Tag über euch lächeln.

Im Herzen eines jeden ...

Möge Christus im Herzen eines jeden sein,
der meiner gedenkt.
Möge Christus im Munde eines jeden sein,
der zu mir spricht.
Möge Christus in jedem Auge sein,
das mich sieht.
Möge Christus in jedem Ohr sein,
das mich hört.

Mögest du ein gutes Gedächtnis haben,
wenn du an gute Menschen denkst,
aber ein kurzes,
wenn du an schlechte denkst.

* *Zwerge, Erdgeister*

Drei Funken sind es,
die das Feuer der Liebe entzünden können:
der Zauber eines Gesichtes,
die Anmut eines Menschen
und ein entspannendes Gespräch.

Der Segen Gottes und des Herrn Jesus Christus
sei mit dir,
mit deiner Familie
und deinen Freunden.
Der Segen des Heiligen Geistes sei mit dir.
Der Segen der Drei sei über dich ausgegossen
und über die anderen,
behutsam und großzügig.

In deinem Herzen Wohnung finden

Möge der Engel,
der die Botschaft vom Frieden
in die Welt brachte,
an deinem Haus nicht vorübergehen.
Möge das Kind,
das seine Göttlichkeit hinter der Armut verbarg,
in deinem Herzen eine Wohnung finden.

Möge deine Zeit behütet sein,
dein Schritt vom Segen des Himmels
begleitet werden.
Und der Frieden,
den das himmlische Kind in die Welt brachte,
sei auf allen Wegen dein Weggefährte.

Der Frieden Gottes sei mit dir,
der Frieden Christi sei mit dir
und deinen Kindern,
mit dir und deinen Kindern.

Mütter halten die Hände ihrer kleinen Kinder
nur für eine Weile,
aber ihr Herz für immer.

Das Auge des großen Gottes

Das Auge des großen Gottes wache über dich,
das Auge des Gottes der Herrlichkeit blicke auf dich,
das Auge des Sohnes der Jungfrau Maria gebe auf dich Acht,
das Auge des Heiligen Geistes ruhe sanft auf dir.
Einmal, um dir zu helfen, zum anderen, um dich zu behüten.
O, das freundliche Auge der Drei gebe Obacht auf dich,
um dir zu helfen und um dich zu behüten.

Möge Gottes Segen mit dir sein,
und möge er dir gut tun.

Mögen dieses Haus und alle,
die in ihm wohnen,
mit Gottes Liebe gesegnet sein.

Möge Gottes Güte mit dir sein,
gut und sieben Mal gut mögest du dein Leben verbringen.

Frieden deiner Hand
und Gesundheit allen, die sie schütteln.

Möge der Segen,
den du einem Fremden gibst,
nie zu zaghaft ausfallen.

Mögest du einen alten Freund nie vergessen,
denn der neue ist mit ihm nicht zu vergleichen.

Möge das Kreuz …

Möge das Kreuz Christi über eurer neuen Wohnung stehen.
Möge das Kreuz Christi über eurem Herd sein.
Möge das Kreuz Christi eure neue Bleibe segnen.

Christi Kreuz stehe über eurem kräftigsten Korn,
Christi Kreuz segne eure kinderlieben Frauen,
Christi Kreuz begleite eure kräftigen Söhne,
Christi Kreuz segne eure Töchter, wenn sie niederkommen.

Christi Kreuz über eurem Vermögen und Erbteil,
Christi Kreuz über eure Familien und Verwandten,
Christi Kreuz erscheine bei jedem Licht und durchdringe
jede Finsternis,
jeden Tag und jede Nacht eures Lebens,
jeden Tag und jede Nacht eures Lebens.

Mein persönlicher Segen für dich!
Der Segen Gottes sei mit dir,
der Segen des Geistes Gottes sei mit dir
und mit deinen Kindern,
ja, mit dir und deinen Kindern.

Möge dein Freund Glück heißen
bei allem, was du tust,
und möge Kummer
immer ein Fremdling für dich sein.

Das Glück der grünen Insel

Möge das Glück der grünen Insel
dir auf deinen Wegen immer nahe sein.
Mögen gute Freunde dich begleiten.
Möge jeder neue Tag, der kommt,
dir wirklich eine besondere Freude machen,
um dich aufzuheitern.

Dir sei ein besonderer irischer Wunsch zugedacht,
du kannst ihn in Cork oder Kerry hören:
Gott segne dich,
Gott segne dein Haus,
und mögen deine Tage fröhlich sein!

Kostprobe irischen Glücks

So wie ER den neuen Glauben nach Irland brachte,
so möge ER dir eine Kostprobe irischen Glücks bringen
bei allem, was du tust.
Und wie der gute St. Patrick
mögen dein Haus und dein Leben
mit Gottes besonderer Gunst gesegnet sein.
Das mache dich glücklich!

Segen für dieses Haus

Möge Gott dieses Haus segnen.
Möge Jesus diesem Haus seinen Segen geben.
Möge der Heilige Geist dieses Haus segnen.
Mögen die Heiligen Drei diesem Haus ihren Segen geben.
Möge die heilige Brigid dieses Haus segnen.
Möge der heilige Michael dieses Haus segnen.
Möge der heilige Columba dieses Haus segnen.

Sowohl das Dach als der ganze Bau
mögen den Segen empfangen,
sowohl Steine als auch Balken,
Lehm und Flechtwerk, First und Fundament,
Fenster und Fenstersimse, Füße und Köpfe,
Mann und Frau, Mutter und Kind,
Jung und Alt, Mädchen und Jungen.

Reichlich Nahrung mögen sie haben,
genug an Getränken,

Betten und Bier,
einen großen Reichtum an Fröhlichkeit
– und ein langes Leben.

Möge der König der Elemente
ihre Hilfe sein,
möge der König der Herrlichkeit
ihnen nahe sein.

Christus, der geliebte,
Sohn der Jungfrau Maria,
und der liebenswürdige Heilige Geist
mögen sich über sie ausbreiten.

Michael, du glänzender Krieger,
König der Engel,
beschütze und bewache sie
mit der Kraft deines Schwertes.

Und auch du, Brigid, du hübsche und zärtliche,
du in den Farben wie Baumwollgras,
du prächtiges Mädchen
mit Locken von Gold.
Maria, du schöne und zarte,
sei nahe bei ihrem Herd.
Und auch du, Columba, gib freundlich deinen Segen,
erfülle dein Versprechen
in diesem Haus,
in jedem Haus.

Möge Freude und Frieden euch umgeben,
Zufriedenheit verriegle eure Tür,
Glück sei jetzt mit euch
und segne euch immerfort.

Gott erhalte uns glücklich und gesund

Der Herr segne dieses Haus:
jeden Sturz, jeden Stein, jeden Flur,
jenen Tisch, an dem wir sitzen,
die Räume und jene Tür,
die die Fremden willkommen heißt,
die sich den Armen ebenso öffnet
wie Freunden und Verwandten,
die Fenster, die das Sonnenlicht einlassen,
die Dachsparren hoch oben und die Mauern ringsum.

Gott erhalte uns glücklich und gesund
und gebe unseren Nachbarn Liebe und Frieden,
und wenn unsere Zeit auf Erden zu Ende ist,
schenke Gott uns die Krone des Lebens
und bringe uns in das königliche Haus des Himmels.

Auf Reisen

Mögest du immer wissen,
wohin du zurückkehren wirst.

Wenn du heute hinausgehst

Gott, der Vater, sei mit dir,
wenn du heute hinausgehst.
Jesus, Sohn der heiligen Maria,
behüte dich auf deinem Weg.

Der Heilige Geist, der Tröster, bringe dich
am Ende des Tages
wohlbehalten nach Hause.
Gott, Maria und St. Patrick mögen dich grüßen
und dich in deinem Haus beschützen.

Geleite mich sanft

Gott, Herr der Winde! O höre mein Gebet.
Gewähre mir eine glückliche Überfahrt.
Geleite mich sanft über die schlummernde Tiefe.
Mögen günstige Brisen mich über den rauen Felsen führen
und die sich bäumenden Wellen.
Sei du mein vorauseilender Führer.
Beschütze mich vor dem zornigen Ozean
und vor seiner wütenden Herrschaft.

Der Regen auf deinem Weg sei nie so wild
wie ein gereizter Stier.

Die Liebe deines Schöpfers sei mit dir und begleite dich.

Möge der Weg zu deinem Haus
auch bei Dunkelheit begehbar sein.

Mögest du nie mit dem linken Schuh
dein Haus verlassen.

Möge dich dein Schutzengel
auf allen Wegen begleiten
und dir dort, wo er dir nicht folgen kann,
einen deftigen Knotenstock in die Hand geben.

Mögest du auf deinen Wegen
viele Schutzgeister um dich haben.

Mögest du unterwegs die Fußstapfen
des Schutzengels an deiner Seite spüren.

Licht möge um dich sein,
Licht außen und innen.
Wo du auch unterwegs bist
– mögest du freundlich gegrüßt werden
von dem, den du auf der Straße triffst.

Mögest du spüren …

Mögest du das Talent des Raben haben,
die Begabung des Adlers,
die Fähigkeit des Fiann.

Die Macht des Gewitters sei dein,
die Fähigkeit des Mondes sei dein,
die Kraft der Sonne sei sein.

Mögest du die Macht des Meeres in dir spüren,
das Talent des Landes haben,
ja, auch die Kraft des Himmels.

Mögest du auch die Ruhe der See spüren,
die Sanftheit der Luft
und die Unendlichkeit des Himmels.

Gott halte dich in seiner Hand,
wenn die Klippen steil sind,
Gott halte dich in seiner Hand,
wenn die Nacht trostlos ist,

Gott halte dich in seiner Hand auf dem Weg,
den du beschreitest,
Gott halte dich in seiner Hand
und sei zu deinen Häupten.

Mögen deine Wege dich stets aufwärts führen,
auch wenn du durch dunkle Täler
und durch enge Schluchten gehen musst.

Am Ende eines steilen Pfades
möge dich die wärmende Sonne grüßen.

Bleib auf unterwegs in manchen Nächten
bis zum Morgen,
so wie es der Mond regelmäßig für die Sonne tut.

Mögen Zeichen an der Straße deines Lebens sein,
die dir sagen, wohin du auf dem Wege bist.
Mögest du die Kraft haben,
die Richtung zu ändern,
wenn du die alte Straße
nicht mehr gehen kannst.

Führe mich, o Gott

Ich überantworte mein kleines Schiff der See.
Wache über mich, Herr.
Mein kleines Schiff dümpelt im Salzwasser.
Führe mich, o Gott, denn ich bin dein.

Begleite mich an diesem Tag, lieber Gott,
in der Ebbe und Flut meines Lebens.
An diesem Tag, o Gott, sei bei mir,
ob auf festem Land oder zur See.

Möge der ewige Vater dich beschützen
im Osten und im Westen, wohin du immer gehst.
Möge Christi Schutz dich für immer begleiten.

Möge Gott jeden deiner Schritte sicher machen,
möge Gott dir jedes Hindernis beseitigen,
möge Gott jede Straße für dich begehbar machen
und möge er dich in den Griff
seiner eigenen zwei Hände nehmen.

Möge der Vater dich in seine liebenden Arme nehmen,
wenn du einen reißenden Strom überquerst
und den schwarzen Fluss des Todes.

Möge die Luft dich segnen,
das Wasser und der Wind,
die See und alle Stunden
der Sonne und des Mondes.

Gott sei überall

Gott vor mir, Gott hinter mir,
Gott sei auf dem Weg, auf dem ich verschnaufe.
Gott über mir, Gott unter mir,
Gott sei überall, wo ich gehe,
Gott sei in der Höhe,
Gott sei im Schatten,
Gott sei im Licht,
Gott halte mich in seinem Arm,
er komme mir zur Hilfe.

Mögen Brigid und Maria und Michael
dich auf See und an Land beschützen,
jeden Schritt und jeden Weg,
auf dem du unterwegs bist.

Mögest du immer ein offenes, gewinnendes Lächeln
auf den Lippen haben
und dich wirklich jeden Tages erfreuen,
möge alles Glück der »Grünen Insel«
immer deine Wege kreuzen.

Gott sei mit dir

Gott sei mit dir auf jedem Bergpass,
Jesus sei mit dir auf jedem Hügel,
der Heilige Geist sei mit dir auf jedem Fluss,
auch im Hochland, an jeder Landspitze,
auf jedem Gebirgskamm
und auf jeder Rasenfläche.

Jeden Schritt des Tages gehst du mit,
ob am See, auf dem Land, im Moor
und auf der Wiese,
ob in den Tälern der Wellen
oder auf den Kämmen der Wogen.

Das Auge Gottes

Möge das Auge Gottes auf dir ruhen,
wenn du unterwegs bist,
der Fuß Christi dich leiten,
möge die Fülle des Geistes
sich reichlich und großzügig über dich ergießen.

Gottes Frieden mit dir, Jesu Frieden mit dir,
des Geistes Frieden mit dir
und mit deinen Kindern
an jedem Tag und in jeder Nacht unseres Lebens.

Möge Gott ...

Möge Gott
dich nicht aus dem Blick verlieren.
Möge Gott
dir seine Augen nachschicken.
Möge Gott
deine Nächte erhellen.
Möge Gott
die Finsternis deiner Gedanken durchdringen.
Möge Gott
dir gute Worte in den Mund legen.
Möge ein Quäntchen der Weisheit Gottes über dich kommen.
Möge Gott
dir Mut zum Reden geben.
Möge Gott
für dich sprechen, wenn du nicht reden kannst.

Liebe und Zuneigung

Die Liebe und Zuneigung der Engel seien mit dir,
die Liebe und Zuneigung der Heiligen seien mit dir,
die Liebe und Zuneigung des Himmels seien mit dir,
um dich zu beschützen und für dich zu sorgen.
Möge Gott dich bei jedem Schritt beschirmen,
möge Christus dich auf allen Wegen begleiten,
möge der Heilige Geist jede Unebenheit überbrücken
– auf den Bergen und in der Ebene.

Die Liebe und Zuneigung des Himmels seien mit dir,
die Liebe und Zuneigung der Heiligen seien mit dir,
die Liebe und Zuneigung der Engel seien mit dir,
die Liebe und Zuneigung der Sonne seien mit dir,
die Liebe und Zuneigung des Mondes seien mit dir
– an jedem Tag und in jeder Nacht deines Lebens,
um dich von Menschen abzuhalten, die dich hassen,
von Menschen, die dir schaden,
von Menschen, die dich unterdrücken wollen.

Die Liebe zu den Heiligen

Mögest du die Heiligen lieben
wie die Heiligen dich.
Ihre Weisheit sei dein Gefährt,
ihre Liebe deine Begleiterin,
ihr Beispiel deine Nachahmung.

Segne die Welt

Gott, segne die Welt und alles, was in ihr ist.
Gott, segne meine Frau und meine Kinder,
wenn ich fort bin.
Segne, o Gott, die Augen in meinem Kopf
und segne, o Gott, was meine Hand tut.

Wann immer ich mich spät zu Bett begebe,
segne mich beim Aufstehen am frühen Morgen
und zur Nacht beim Zubettgehen.

Gott, beschütze das Haus und den ganzen Hausstand,
Gott, segne die Kinder und ihre Mutter.

Gott, begleite die Herden und ihre Jungen,
sei hinter ihnen und kümmere dich um sie.
Wenn immer die Herden den Hügel hinaufziehen
in das Heideland,
wann immer ich mich zum Schlafen niederlege,
wann immer die Herden hinaufziehen ins Heideland,
wann immer ich mich in Frieden
zum Schlaf niederlege.

Reisegebet

Leben sei in meiner Sprache,
Sinn in dem, was ich sage,
der Duft der Kirschen sei auf meinen Lippen
bis ich zurückkehre.

Die Liebe Jesu Christi
möge jedes Herz für mich öffnen.
Die Liebe Jesu Christi
erfülle mich für jedermann.

Wenn ich die weiten Ebenen durchschreite,
die Wälder durchquere,
wenn ich durch lange, abenteuerliche Täler gehe,
möge die schöne, reine Maria mir beistehen,
der Hirte Jesus sei mein Schutz.
Möge die schöne, reine Maria mich schützen,
der Hirte Jesus sei mein Schild.

Wenn ich hinausgehe,
möge ich nicht straucheln,
wenn ich hinausgehe,
möge ich mich nicht verirren,
denn ich stehe unter dem Schutz dessen,
der die Welt in den Armen hält.

Fischsegen

Der Tag des Lichtes ist über uns gekommen,
Christus ist von der Jungfrau geboren.
In Seinem Namen sprenge ich das Wasser
auf alle Gegenstände in meinem Gehöft.
Du König der Mächte und Gewalten dort oben,
gieße deinen Segen zum Fischfang über uns aus.
Ich will mich im Boot niedersetzen
und fest das Ruder ergreifen.
Ich will siebenhundert und sieben Schläge hinausrudern.

Ich will meinen Angelhaken auswerfen.
Den ersten Fisch, den ich heraufziehe
im Namen Christi, des Königs der Elemente,
soll ein Armer bekommen, wie Er es wünscht.
Und der König der Fischer, der tapfere St. Peter,
möge mir hinterher seinen Segen geben.

Ariel, Gabriel und Johannes,
du gütiger Raphael und Paul,
Columba, Helfer in jeder Not,
und du, hübsche Maria, du Stifterin der Gnade,
begleitet uns zu den Fischgründen des Ozeans
und beruhigt für uns die Kämme der Wellen.
Der König der Könige möge uns auch
am Ende unserer letzten Fahrt umgeben,
auf der Reise zum ewigen Leben und bleibendem Glück.

Möge Gott dir seine Hilfe gewähren,
wenn deine zerbrechliche schwarze Barke
durch die Gischt des dunklen Ozeans steuert,
durch das aufschäumende weite Meer.

Mögen deine Schuhe
auf der Reise nicht löchrig werden,
wenn aber doch, bedenke,
dass man barfuß ins Paradies gelangen kann.

Mein Lebensziel

Möge St. Patrick
mit mir verweilen, wo ich raste.
Möge St. Patrick bei mir sein,
wenn ich den heiligen Berg besteige.
In den Tagen bete ich,
in den Nächten faste ich,
damit ich das Ziel meiner Wanderung erreiche,
damit ich mein Lebensziel nicht aus den Augen verliere.

Du bist einzig

Du bist hinausgegangen,
manchmal ohne Ziel.
Du bist hinausgegangen,
mögest in deinem Leben du
die Gegenwart, die Kraft und das Licht entdecken,
die deiner Seele angehören.

Mögest du wissen, dass du niemals allein bist,
dass deine Seele dich durch ihren Glanz
und ihr Einssein mit dir
unzertrennbar mit dem Rhythmus der Welt verbindet,
mit dem Rauschen der Erde im Universum,
mit den Flügeln Gottes im All.

Möge dir bewusst sein,
dass du einzig bist,
nicht die Kopie eines Mannes,
nicht der Abdruck einer Frau,
nicht die Nachahmung einer fernen Gestalt.

So einzig du bist, sollst du auch wissen,
dass du ein eigenes Schicksal hast,
aber auch, dass hinter allem Schein,
hinter aller Fassade und Tünche
das Schöne, Gute und Ewige auf dich wartet.

Mögest du lernen,
dich mit der gleichen Freude, mit Stolz und Wonne
zu achten und wahrzunehmen,
mit der Gott dich in diesem Augenblick gewahrt.

Heimweh

Möge das Heimweh dir immer den Weg nach Hause zeigen,
wo du auch weilst.
Möge das Licht im Fenster deines Hauses auch in der trübsten
aller Nächte nicht verlöschen und dir Wegweiser sein.

Möge das Lachen deiner Kinder
das Pfeifen des Windes übertönen
und den Gesang des Regens
vor deiner Tür.

Mögest du immer wissen,
wohin du zurückkehren wirst,
auch wenn deine Augen blind sind.

Zeige mir ...

Wo ich zu Hause bin,
zeige mir, Herr.
Wohin ich gehen muss,
zeige mir, Herr.
Wie ich ausschreiten soll,
zeige mir an deinem Schritt.

Für ein Leben mit Gott

Möge die Gabe, um die ich bitte,
mir nicht verweigert werden.
Denn ich ersehne Frieden zwischen Gott und mir.

Mit allen ihren Liedern

Mögen dir, o Gott, alle Scharen der Engel singen
mit allen ihren Liedern.
Mögen dich die Höhen des Himmels preisen
mit ihren ungebundenen Blitzen.
In meinem Herzen bleibe die Flamme der Liebe Gottes
wie ein goldenes Geschmeide
in einem Gefäß aus Silber.

Mit unserer Seele

Ewiges Licht scheine in unsere Herzen,
ewige Güte befreie uns vom Bösen,
ewige Kraft sei unsere Stütze,
ewige Weisheit zerstreue das Dunkel
unserer Unwissenheit.

Ewiges Erbarmen werde uns zuteil,
damit wir mit unserem ganzen Herzen und Verstand,
mit unserer Seele und Kraft dein Antlitz suchen
und durch deine unendliche Gnade und Barmherzigkeit
zu deiner heiligen Anschauung gelangen.

Dann bist du reines Gold

Mögest du immer den Willen Gottes tun,
damit du nicht wie ein Vogel bist,
der ins Netz geht,
nicht wie ein leckes Schiff,
für das jede Gefahr bedrohlich ist.
Nicht ein leeres Gefäß
noch ein verdorrter Baum.
Mögest du immer den Willen Gottes tun,
dann bist du reines Gold,
wie ein Strahlenkranz rund um die Sonne,
wie ein Gefäß aus Silber voll mit Wein.

Gottes Liebe erfülle unsere Herzen

Möge Gott uns seine Liebe einhauchen,
damit wir ihn lieben, wie es ihm zusteht.
Möge Gottes Liebe unser Wesen ganz erfassen
und uns alle ganz besitzen.

Gottes Liebe erfülle unsere Herzen.
Mögen wir keine andere Liebe kennen
als die zu Gott, dem Ewigen.
Keine Fluten des Meeres,
der Luft und der Erde sollen Gottes Liebe in uns auslöschen.

Die Treue meines Gottes

Wöchentlich gehe ich in mich,
um über meine Schuld nachzudenken.
Gründlich erforsche ich reuig meine Sünden.
Ich nehme an diesem Tag die Treue meines Gottes an
mit der Liebe meines Herzens und in ständiger Hoffnung.
Vom Fuß seines Kreuzes rufe ich ihn an:
Christus, Herr, beuge dich zu mir nieder.

Sei zu einem armen Mann nachsichtig und gut.
Wärme ihn, kleide ihn und gib ihm zu essen.
Gib den Armen freizügig Almosen,
denn in der Gestalt des armen Menschen
kam Christus vom Himmel.

Wenn ein dicker Ordensbruder
ein armer Ordensbruder ist,
ist alles, was ihm nützt, seine Erscheinung.
Wenn aber der Himmel durch Mästen
erworben werden kann,
ist ein schmächtiger Mann ein dummer Mann.

Frühling

Du schönste der Jahreszeiten, Frühling, du,
wenn die Vögel ihr Lied anstimmen
und der Wald sich begrünt.
Die Pflüge wandern durch die Furchen,
die Ochsen gehen unterm Joch.
Grünlich schimmert die See
und mannigfaltig ist das Land.

Doch ständig noch wächst der Kummer in mir,
auch wenn der Kuckuck singt auf den Wipfeln der hellen Bäume.
Das Dampfen der Felder ist mir wie ein Schmerz,
er macht mein Elend offenbar:
Denn meine Verwandten sind nicht mehr.

Doch von dir bin ich nirgends getrennt,
du glorreicher Christus,
weder auf dem Berg noch im Tal,
weder auf den Inseln der See
noch auf jedem Weg, den ich gehe.
Du mein Freund, mein Fürsprecher,
ich sehne mich nach dem Land, in das du gingst.

Möge die Gabe, um die ich bitte,
mir nicht verweigert werden.
Denn ich ersehne Frieden zwischen Gott und mir.
Möge ich die Straße finden,
die an das Tor deiner Herrlichkeit führt,
o großer Christus.
Möge ich glücklich sein,
wenn ich an deinem Thron stehe.

Christus, sei mit uns

Möge die Kraft Gottes uns führen.
Möge die Macht Gottes uns behüten.
Möge die Weisheit Gottes uns lehren.
Möge die Hand Gottes uns beschützen.
Möge der Weg Gottes uns lenken.
Möge der Schild Gottes uns verteidigen.
Möge das Heer Gottes uns bewahren
vor den Schlingen des Bösen
und den Versuchungen der Welt.

Möge Christus mit uns sein,
Christus sei über uns,
Christus in uns,
Christus vor uns.
Mögest du, o Gott,
uns immer retten,
an diesem Tag und für alle Zeit.

Möge der Regenbogen dich an die Brücke erinnern,
über die du ins himmlische Paradies gelangst.

Mögen die sieben Farben des Regenbogens
wie sieben Siegel der Treue Gottes zu dir sein.

Mögest du immer im Licht des Himmels stehen,
und wenn dich der Schatten des Bösen trifft,
möge er vor dir Reißaus nehmen.

Mit lebendigem Feuer

Von Herzen jedermann vergeben.
Für alle, die dir das Leben schwer machen, beständig beten.
Mit lebendigem Feuer das Stundengebet
für die Verstorbenen verrichten,
als wäre jeder verstorbene Christ
dein besonderer Freund.

Ehre der Dreifaltigkeit,
dem Vater, Sohn und Heiligen Geist,
auf die du getauft bist
mit dem Wasser des Lebens.
Möge das Zeichen der Drei stets auf deiner Stirne stehen.

Schenk ihm Trost

Gib den Wanderern Unterkunft bis zum Morgen,
auch Speise und Trank dem, der hungrig ist.
Wenn dein Freund krank ist oder auf dem Krankenbett liegt,
bringe ihm, wonach er verlangt, schenke ihm Trost.

Nie verdiene den Fluch der Witwe.
Wenn du zur Nachtzeit ins Bett gehst,
knie nieder und sprich deine Gebete.
Tue das Gleiche, wenn du am nächsten Morgen aufstehst.

Ein großes Lob

Ehre sei dem Vater und dem Sohn,
Ehre dem allerheiligsten Gott.
Ehre ihm, der das Kreuz trug
und alle Welt erlöste.
Ein großes Lob unserem Leitstern,
Maria, der Mutter Gottes.

O ihr heiligen Frauen,
die den Himmel schmücken in Glanz und Licht,
ich rufe euch immer an,
sowohl am Morgen wie am Abend:
Kommt zu mir, führt mich und bewahrt mich vor Furcht.
Lasst mich meine Sünden bereuen
und wascht mich in Tränen,
führt mich zum Himmel,
wenn meine Jahre enden.

Haus Gottes

Ich grüße dich, o Haus Gottes,
mögest auch du mich grüßen.
Ich hoffe, dass die heiligen zwölf Apostel heute für mich beten.
Ich beuge mein rechtes Knie vor dem Hochkönig
und mein linkes Knie vor dem Heiligen Geist
in der Hoffnung, dass sich mit mir
alle aufrichten werden,
alle, die vor mir waren und nach mir sind.
Sie mögen sich erheben
vom Boden der Schmerzen und der Strafen
– und ein »Amen« schicke ich ihnen nach.

Möge der Segen über jeden kommen

Ihr ungezählten Grashalme,
ihr Sandkörner am Ufer der See,
ihr Tautropfen in der Morgensonne:
Mögen die Segenswünsche des Königs der Gnade
auf allen ruhen, die vorübergehen,
die einst waren, die jetzt sind
und demnächst sein werden.
Möge der Segen über jeden kommen,
in dessen Gesicht ich sehe.

Beschütze und erhöre mich

Unbegreiflicher,
der du über allem bist,
du himmlischer Führer,
du Tröster, du Sorgender und Ernährer
deiner Herde in den Bergen,
rette mich, beschütze mich und höre mich,
ich, ein gefährdeter Wanderer in den Höhen.

Hilf mir, nimm mich in deine Obhut, lenke mich,
schütze mich vor Räubern und Tod,
vor Hunger, Furcht, vor Dunkelheit,
Ruin und jeglicher Gefahr.
Nimm mich am letzten Tag des Universums bei der Hand,
sei kein Fremder für mich.

Beschütze mich vor dem berstenden,
fahlroten Blitz und dem dunklen Donner,
vor Krieg und Naturkatastrophen
und den alles spaltenden Elementen.

Gesundheit für dich

Ich wünsche dir
die Gesundheit jenes einzigartigen Mannes,
der seine Glieder am Baum des Leidens ausstreckte,
um die Menschheit zu erlösen.
Ich wünsche dir
die Gesundheit jener edlen Frau,
die ihren Sohn ohne Gemahl gebar.
Ich wünsche dir
die Gesundheit des heiligen Patrick,
der Irland segnete.

Möge der Heilige Geist dich sättigen
mit dem Wasser und der Gnade.

Mögest du den Segen der Gnade spüren

Möge dir jeder Tag Freude machen,
kein Tag dich betrüben.
Das Leben sei reich und stelle dich zufrieden.
Überfluss möge deinen Lebensweg begleiten.

Mögest du bald einen Sohn bekommen
und möge eine Tochter nicht nachstehen.
Die große Weisheit der Schlange sei mit dir,
die Kraft des Feuers sei mit dir,
mögest du den Segen der Gnaden spüren.

Mögen die guten Heiligen dich beschützen
und heute segnen.
Mögen Sorgen dich meiden,
wo immer du gehst.

Mögen deine Sorgen gering,
die guten Wünsche für dich aber zahlreich sein,
und nur das Glück
trete durch deine Tür.

Du hast mir so viel gegeben

Du hast mich mit Freunden gesegnet,
mit Frohsinn und Spaß,
mit Regen, der so weich ist
wie das Licht der Sonne.
Du hast mich mit Sternen gesegnet,
um jede Nacht zu erleuchten.

Du hast mir Verstand gegeben,
um Falsches von Richtigem zu unterscheiden.
Du hast mir so viel gegeben,
das mir gefällt
– Gott, gib mir auch ein Herz,
das dir immer dankbar ist.

Mögen deine Taschen schwer sein,
dein Herz aber sei leicht,
und möge das Glück dich verfolgen
an jedem Morgen und in jeder Nacht.

Mögen die Liebe und der Schutz,
die St. Patrick geben kann,
dir in Fülle zuteil werden,
solange du lebst.

Mögest du gesegnet sein

Mögest du gesegnet sein ...
mit der Kraft des Himmels,
mit dem Licht der Sonne
mit den Strahlen des Mondes,
mit der Kraft des Feuers,
mit der Geschwindigkeit des Lichtes,
mit der Schnelligkeit des Windes
mit der Tiefe der See,
mit der Standfestigkeit der Erde,
mit der Härte des Felsens.

Der Segen des Lichtes

Möge der Segen des Lichtes über dir sein,
Licht außen und Licht innen.
Möge das gesegnete Sonnenlicht dich bescheinen
und dein Herz erwärmen,
bis es wie ein großes Torffeuer glüht.
Möge der Fremde kommen und sich an ihm wärmen
und ebenso ein Freund.

Mögen die Segenswünsche
und die Liebe des heiligen Patrick
über dich kommen
– über dein Haus,
über deine Lieben,
über alles.

Mögest du immer bedenken,
dass Gott in Gestalt eines Kindes
dir nahe kam
und dass du ihm
in Gestalt eines Kindes
willkommen bist.

Gottes Macht ...

Gottes Macht, um mich zu leiten,
Gottes Kraft, um mich zu schützen,
Gottes Weisheit, um zu lernen,
Gottes Auge, um zu unterscheiden,
Gottes Ohr, um zu hören,
Gottes Wort, um aufzuklären,
Gottes Hand, um mich zu bedecken,
Gottes Weg, um sicher zu gehen,
Gottes Gürtel, um mich zu leiten,
Gottes Heer, um mich in Schutz zu nehmen.

Gott in seiner Weisheit

Möge Gott in seiner Weisheit
und in seiner unendlichen Liebe
vom hohen Himmel
immer auf dich herabschauen.

Möge er dir nur Glück schicken,
Zufriedenheit und Frieden,
und möge der Segen, der auf dir ruht,
immerzu wachsen.

Möge es dir auf deiner Seelenreise gelingen,
jenen Ort zu finden,
wo dich ein gesegneter Reichtum an Liebe, Wärme, Nähe
und Vergebung erwartet.

Mögest du alle Freude haben, die du dir schuldest,
mögen die Jahre dir gnädig sein.
Möge ein blauer Himmel über dir lächeln,
und möge Gott dich lieben
– an allen deinen Tagen.

Das ganze Jahr über

Möge die Freude,
die durch ein lustiges irisches Lied zieht,
und alles Glück, das Kleeblätter bringen,
das ganze Jahr über mit dir sein.

Mögest du mit Segenswünschen reich bedacht werden,
Vergnügungen und Freunde haben,
um alle Lebenswege zu genießen,
und möge St. Patrick über dich lächeln
– heute und jeden Tag.

Umarme mich, Herr

Ich webe Schweigen auf meine Lippen,
ich flechte Ruhe in mein Gemüt,
ich knüpfe Stille in mein Herz.
Ich halte meine Ohren zu, um mich nicht abzulenken,
ich schließe meine Augen, um den Reizen nicht zu erliegen,
ich schirme mein Herz ab,
um den Versuchungen nicht ausgesetzt zu sein.

Durchdringe mich mit Ruhe, o Gott,
so wie du den Sturm auf dem Meere stilltest.
Beruhige mich, o Gott, bewahre mich vor dem Bösen.
Lass alle Unruhe in mir ersterben.
Umarme mich, Herr, in deinem Frieden.

Das Böse sei mir fern

Umschließe mich, Herr,
bleib mir mit deinem Schutz nahe
und halte jede Gefahr von mir ab.
Schließe mich in dich ein, o Gott,
lass nur die Hoffnung bestehen
und gib dem Zweifel keinen Raum.

Umgib mich, Herr,
erhalte mir das Licht
und sperre die Dunkelheit aus.
Umspanne mich, o Gott,
lass Frieden in mir gedeihen,
das Böse sei mir fern.

So soll es sein

Die Dreifaltigkeit beschütze mich.
Der Vater sei um mich her,
der Erlöser sei unter mir,
der Heilige Geist sei über mir.
Die Heiligen Drei Könige mögen mich verteidigen.

Wenn der Abend kommt,
segnet mein Haus.
Ihr Heiligen Drei Könige,
wacht über mich, wenn die Schatten sinken,
hört meinen Ruf.
Ihr Heiligen Drei Könige
umgebt mich mit eurem Schutz.
So soll es sein.

Unter dem Schutz ...

Unter dem Schutz des Allerhöchsten
tue, was du geplant hast.
Unter den Schutz des Allerhöchsten
gehe an dein Tagewerk.
Unter dem Schutz des Allerhöchsten
baue dein Haus.
Unter dem Schutz des Allerhöchsten
möge die Kuh kalben
und der Lachs dein Netz nicht verfehlen.

Ich beuge mich ...

Ich beuge mich vor dem Vater,
der mich erschuf.
Ich falle in die Knie vor dem Sohn,
der mich erlöste.
Ich verneige mich vor dem Heiligen Geist,
der mich lenkt.

Ich schenke meine Lippen,
ich schenke mein Herz,
ich schenke meinen Verstand,
ich schenke meine Kraft.
Ich beuge mich und bete an
die Heiligen Drei,
den ewig Einen,
die Dreifaltigkeit.

Dein sei die Kraft

Dein sei die Kraft des Stromes,
die Macht des Ozeans,
der Sieg auf dem Feld.
Dein sei die Macht des Feuers,
die Gewalt der Höhe
und die Kraft des starken Felsens.
Möge die Gewalt der Elemente mit dir sein,
die Kraft der Quelle
und die Macht der Liebe aus der Höhe.

Alles, was ich bin

Alles, was ich bin, gebe ich dir, o Herr.
Alles, was ich bin, gebe ich dir.
Alles, was ich habe, teile ich mit dir, Herr.
Alles, was ich habe, teile ich mit dir.
Mein ganzes Leben gehört dir, Herr.
Mein ganzes Leben gehört dir.

Alle meine Wünsche sind dein, o Gott.
Alle meine Wünsche sind dein.
Alle meine Hoffnungen setze ich in dich, o Herr.
Alle meine Hoffnungen setze ich in dich.
Alles, was ich wünsche, bist du, o Herr.
Alles, was ich wünsche, bist du.

Gib mir, o Gott

Gib mir, o Gott,
ein klares und wachsames Auge.
Gib mir, o Gott,
ein starkes und doch sanftes Gefühl.
Gib mir, o Gott,
ein gutes, aufnahmebereites Ohr.
Gib mir, o Gott,
einen sauber unterscheidenden Geschmack.
Gib mir, o Gott,
einen feinen Geruchssinn.
Gib mir, o Gott,

Empfänglichkeit für andere.
Gib mir, o Gott,
ein klares Bewusstsein für dich.
Gib mir, o Gott,
was mein Leib nötig hat.
Gib mir, o Gott,
was meinen Sinn erneuert.
Gib mir, o Gott,
was meinen Geist erstarken lässt.
Gib mir, o Gott,
Heilung für meine Krankheit.
Gib mir, o Gott,
Reue für meine Sünden.
Gib mir, o Gott,
dich selbst statt sonst etwas.

Möge das Kreuz Christi zwischen dir
und all dem sein, was in der Vergangenheit hier geschah.

Großmütig umarmen

Möge der ewige Vater persönlich dich großmütig umarmen,
dich in seine liebevollen Arme nehmen.
Möge Gott dich beschützen bei allem, was du tust.
Möge Christus dich gesund erhalten
und mögest du in den Heiligen Geist eintauchen
bei jedem deiner Schritte.

Für jedes Wunder ...

Lasst uns jetzt
den Herrscher des himmlischen Reiches preisen,
die Macht des Schöpfers
und seine vom Geist erfüllten Gedanken,
die großartigen Werke des Vaters.

Für jedes Wunder
hat er, der Herr, der Ewige, den Grund gelegt.
Er formte für die Geschöpfe der Menschheit
zuerst den Himmel als ihr Dach,
er, der heilige Schöpfer.

Dann schuf er die Welt,
er, der Lenker des Menschheitsgeschlechts,
der ewige Gott.
Später entwarf er die Erde für die Menschheit,
er, Gott, der Allmächtige.

Das größte Wunder
ist mit bloßem Auge nicht zu erkennen.
Das kleinste Wunder
überragt deine Vorstellungskraft
an Größe.

In dieser schicksalhaften Stunde

Auf Tara, heute, in dieser schicksalhaften Stunde,
stelle ich den ganzen Himmel in all seiner Macht
und die Sonne mit ihren Strahlen
und den Schnee in seinem weißen Glanz
und das Feuer mit all seiner Kraft, die es hat,
und den Blitz mit seiner plötzlichen Wut
und die Winde mit all ihrer Schnelligkeit auf ihrer Bahn
und die See mit ihrer Tiefe
und die Erde mit ihrer Starrheit:
Dieses alles stelle ich
durch Gottes allmächtige Gnade
zwischen mich und die Kräfte der Dunkelheiten.

Das möge es nicht geben ...

Das möge es nicht geben:
ein Wort, das mich von meinem Schöpfer trennt,
eine Tat, die mich von meinem Schöpfer scheidet,
einen Blitz, der die Berge spaltet,
ein Regenschauer, der die Saat erdrückt,
ein Sturm, der das Korn vernichtet,
ein Keil, der trennt, was zusammen gehört,
ein Fremder, der in die Häuslichkeit eindringt,
ein Freund, der zum Feind wird.

Was deinem Willen entspricht

Mögest du mich umgeben, o Gott,
wie ein Kreis, der keinen Anfang und kein Ende hat.
Mögest du mich umspannen, o Gott,
wie ein Gürtel, der mit einem unlösbaren Knoten versehen ist.
Mögest du mich umklammern, o Gott,
mit Händen, die miteinander verwachsen sind.
Mögest du mich umsorgen, o Gott,
mit deiner Liebe, die keine Grenzen kennt.
Mögest du mich umtosen, o Gott,
mit dem Sturm, der die Glut der Herzen entfacht.
Mögest du mich umfassen, o Gott,
mit dem Arm, der aus der Tiefe zieht.
Mögest du mich umschmeicheln, o Gott,
mit Worten, die nur in deinem Herzen zu Hause sind.

Mögest du tun, o Gott,
was du für richtig hältst,
was deinem Willen entspricht.
Mögest du allzeit das rechte Wort zu mir sprechen.
Mögest du mich immer in deiner Nähe wissen.
Du Großer, du Unwandelbarer, du Gewaltiger!
Nichtig bin ich und unscheinbar.
Doch in deiner Zuneigung werde ich zum Widerschein
deines Lichts.

Zur Verbundenheit mit der Heimat

Der Frieden des Sonntags
zieht einen goldenen Kreis
um das grüngesprenkelte Land.
Möge niemand zerstören, was die Liebe schuf.

Möge Gott das Haus segnen,
jeden Stein,
jeden Balken und jede Dachgaube,
alle Nahrung, alle Getränke, alle Kleider.
Möge alle Welt immer gesund sein.

Gott segne das Haus

Gott segne das Haus
vom Bauplatz bis zur Strebe,
vom Balken bis zur Wand,
von Ende zu Ende,
vom First bis zum Kellergeschoss,
vom Balken bis zum Dach,
vom Fundament bis zur Spitze,
vom Grund bis zur Spitze.

Auf dem Felsen Christi

Möge dieses Haus auf dem Felsen der Felsen gebaut sein,
auf dem Felsen Christi,
so dass kein Angriff es schwächen
und kein Leid es verwirren kann.

Möge der Engel, der Wache hält,
alle willkommen heißen, die diesen Platz betreten,
und alle zurückweisen, die ihm schaden wollen.

Küchenweihe

Wir weihen dir diese Küche.
Möge der tiefe Frieden des Sohnes Marias
Besitz ergreifen von allen,
die mitten im Geräusch dieses Ortes arbeiten;
mögen alle vom Geist demütigen Dienstes durchdrungen sein,
möge jede Arbeit nur für dich getan werden.

Segne das Abwaschen,
bringe weiterhin vollen Geschmack ans Essen,
lege deine Ehre in die Arbeit.

Gottes Güte feiern

Segne diesen Raum.
Mögen wir mit diesem Essen Gottes Güte feiern.
Möge das Festmahl Gemeinschaft mit Gottes Freunden sein.
Wie du die süßen Fruchtsäfte der Schöpfung trinkst,
mögest du die Sanftheit des Lebens Gottes in dich aufnehmen
und bewahrt bleiben von den Giften des Neides.

Fülle diesen Raum mit dem Geist der Gastfreundschaft.
Möge jede Person, die hier schläft,
eingehüllt sein in die liebenden Arme des Erlösers.

Der Frieden des Sonntags

Ein weißes Haus am Ufer des Sees.
Der windgebeugte Baum wirft seine Schatten
auf das Strohdach.
Die Katze buckelt an der roten Tür.
Hinter den Fenstern klingt das Lachen der Kinder
wie die Saiten einer Harfe.

Der Frieden des Sonntags
zieht einen goldenen Kreis
um das grüngesprenkelte Land.
Möge niemand zerstören, was die Liebe schuf.

Möge Gottes Hilfe dir näher sein
als die nächste Tür.

Am Ziel

Wohin ich auch gehe,
wie weit ich meine Schritte auch lenke,
solange ich auch unterwegs bin -
wo Gott ist,
bin ich am Ziel.

Die Anmut Christi

Mögen alle, die ihren Leib hier baden,
ihn in den milden Strahlen der Sonne der Sonnen baden,
so wie Maria Christus badete
in der gehaltvollen Milch Ägyptens.
Die Anmut Christi sei in deinem Mund,
wenn du deine Zähne putzt;
die Schönheit Christi sei auf deinem Gesicht,
wenn du dein Haar kämmst;
die Liebe Christi überflute dich,
wenn du deinen Körper wäschst.

Wenn du in den Spiegel schaust,
mögest du die Hände Marias sehen, die dich waschen,
die Hände der Engel, die dich reinigen,
die Hände der Heiligen, die dich strecken,
die Hände Jesu, die dich wiederherstellen.

Gottes Schöpferhand

Wenn du auf den See blickst,
auf das tosende Meer,
wenn du die Gipfel betrachtest
oder die grünen Hügel vor deinem Haus -
überall erkennst du die Schöpferhand dessen,
der sie gemacht hat.

Alle Menschen

Wir empfehlen dir alle Menschen,
die hier zusammen leben wollen.
Mögen sie erkennen,
dass alles hier dein ist
und dass sie hier dazugehören.
Mögen sie hier deine Liebe spüren.

Möge die Anwesenheit der drei göttlichen Personen
sie befähigen, ihre Schuld einzugestehen,
jedes Stadium ihrer Entwicklung zu durchwachsen,
jedem anderen Lebensraum zu geben,
ihre Gefühle auszudrücken,
von Herzen zu verzeihen,
sich als Personen zu entfalten.

Reich bist du ...

Schön bist du, mein Irland,
genügsam in deinen Wünschen,
doch satt in deinen Farben und weit an klaren Himmeln.
Reich bist du an Fideln und Flöten
und rauhen und sanften Kehlen für deine Lieder.
Man kann keinen Stein über eine Hecke werfen,
ohne einen Dichter zu treffen.

Gott sei bei mir

Gott sei bei mir beim Brotbrechen.
Gott segne mein Herz, meine Hände, meinen Kopf.
Gott sei bei mir, wenn ich den Wein opfere.
Gott segne Körper und Seele, sie sind sein.

Gott, gegenwärtig in Wein und Brot,
bleibe bei mir, Herr, wenn ich esse.
Segne den Weg, auf dem ich gehe,
führe mich in dieser irdischen Welt.

Gott, der du bist in Brot und Wein,
mein ganzes Leben sollst du umhüllen.
Segne, o Gott, das Leben, das ich führe,
von Sünde und Makel halte mich frei.
Deine Gegenwart komme zwischen mich
und alle schlimmen Dinge.
Deine Gegenwart komme zwischen mich
und alle gemeinen Dinge.
Deine Gegenwart komme zwischen mich
und alle arglistigen Dinge.
Deine Gegenwart komme zwischen mich
und alle schändlichen Dinge.
Beschütze mich, o Gott,
wie deinen Augapfel,
verberge mich unter dem Schatten deiner Flügel.

… dass du in mir geboren bist

Du bist der Rufer,
du der Arme,
du bist der Fremde an meiner Tür.

Du bist der Wanderer,
du der Hungernde,
du bist der Heimatlose
ohne Bett.

Du bist der Mensch,
in den Wahnsinn getrieben,
du bist das Kind,
das im Schmerz schreit.

Du bist der andere,
der zu mir kommt,
wenn ich begreife,
dass du in mir geboren bist.

Insel der Heiligen

Wären die frommen Frauen und Männer nicht,
die dem Land und jedem Landstrich,
den Klöstern und Kirchen,
jeder Lücke im Zaun
ihren Namen gaben,
es gäbe keine „Insel der Heiligen"
und keine Insel für deine Träume.

Gott, führe mich

Herr, aus dieser stürmischen See der Welt
reiche mir deine Hand, um mich emporzuheben.
Gott, führe mich aus der dunkelsten Nacht,
Gott, ziehe mich in das Reich des Lichtes empor.
Gott, befreie mich von den Qualen des Leibes.
Gott, nimm mich zu dir und mache mich gesund.
Gott, bewahre mich vor den Dingen, die ich fürchte.
Gott, schütze mich vor dem lebenden Tod.
Gott, hilf mir auf von dem Platz, an dem ich liege.
Gott, richte mich auf, dass ich niemals sterbe.

Du guter Hirte

Gott, du guter Hirte,
sei über mir, um mich zu beschirmen,
sei unter mir, um mich zu stützen,
sei hinter mir, um mich zu lenken,
sei vor mir, um mich zu leiten,
sei um mich herum, um mich zu beschützen,
sei mit mir, um mich zu retten,
sei über mir, um mich zu dir aufzuheben
und mich auf die grüne Weide des ewigen Lebens zu führen.

Frieden komme über alle

Gott, segne den Vater dieses Hauses,
er segne den Mann und seine Frau,
er segne die Kinder, die hier aufwachsen,
er segne die Familie, jeden Einzelnen und alle.

Frieden ruhe auf allen, die im Haus sind,
Frieden, um dich vor Sünde zu bewahren,
Frieden allen deinen Nachbarn,
Frieden komme über alle, die dich darum bitten.

Haussegen

Gott segne dieses Haus vom Dach bis zum Fundament,
er segne die Fenster und die Tür,
Gott segne uns alle immer wieder.
Gott segne das Haus mit Wärme und Licht,
Gott segne jeden Raum mit seinem machtvollen Arm,
Gott lege seine rechte Hand auf uns,
Gott sei mit uns an diesem bewohnten Ort.

Häuslicher Friede

Solange die Schwalben sich wohl fühlen
unter deinem Dach,
der Regen voll Wonne an deine Scheiben trommelt,
das vergnügliche Torffeuer nicht erlischt,
solange niemand der Katze ihren Schlafplatz streitig macht
und das Lachen deiner Kinder
das Geschrei des Esels übertönt,
solange deine Kuh nicht geronnene Milch gibt
– ist Friede, den du mit keiner Silbermünze bezahlen kannst.

Segne, o Gott, den Haushalt

Behüte, o Gott, das Feuer,
wie du die hl. Jungfrau behütet hast.
Behüte, o Gott, den Herd,
wie du den Sabbat geheiligt hast.
Segne, o Gott, meinen Haushalt,
wie Christus es versprochen hat.
Segne, o Gott, die Familie,
wie sie vor dir steht.
Segne, o Gott, das Haus, das Feuer, den Herd,
sei unser Halt.

Möge das menschliche Leben gesegnet sein,
möge Christus unsere Liebe segnen,
jeden von uns und alle,
jeden und alle.

Nichts fürchten

Gott Vater weilt in diesem Haus,
wir müssen nichts fürchten.

Der Sohn ist mit uns in diesem Haus,
er liebt uns über alle Maßen.

Der Heilige Geist unter uns in diesem Haus
hört unser Gebet.

Die Dreifaltigkeit in diesem Haus
ist uns immer ganz nah.

Im Namen der Drei

Wo Gott Vater ist,
ist auch dein Heil.
Wo Gott Sohn ist,
ist auch Erlösung.
Wo Gott Heiliger Geist ist,
ist die Weisheit,
das Böse vom Guten zu trennen
wie die Spreu vom Weizen.
Im Namen der Drei, die mit dir sind,
gehe deinen Weg,
baue dein Haus und bestelle deine Felder.
Du wirst dein Glück machen.

Eine kleine Hütte in der Wildnis

Ich wünsche, o Sohn des lebendigen Gottes,
o allzeitlicher, ewiger König,
dass eine kleine Hütte in der Wildnis
meine Wohnung sei.

Eine graue, geschmeidige Lerche
möge in der Nähe sein
und ein klarer Teich, um meine Sünden abzuwaschen
durch die Gnade des Heiligen Geistes.

Eine freundliche Kirche mit einem linnenen Altartuch
wünsche ich mir,
eine Wohnung für den Gott des Himmels.
Brennende Kerzen über den reinen weißen Schriften ...

Das ist die Haushaltung, die ich anstrebe,
die würde ich wählen, ich verheimliche es nicht.

Platz im Herzen

Das Haus Gottes ist da, wo man es baut:
Auf dem Felsen und in der Wiese,
am Strom und am Gebirgsbach,
gar auf den Klippen über der See.
Mögest du einen Bauplatz in deinem Herzen finden.

Es gibt Zeiten

Herr, ich muss Teil eines Festlandes sein,
ein Damm zwischen mir und anderen.
Es gibt Zeiten,
– wie bei der Arbeit mit meinen Brüdern –
in denen ich nur dich finden kann.
Zeiten des Handels und des Gewerbes
halten uns frei von Gefangenschaft.

Es ist, als wenn wir eine helfende Hand ausstrecken
und dir begegnen, Herr des Wassers und des Landes.
Ebbe, Flut,
lass den Lebensrhythmus fließen.
Flut, Ebbe,
wie der Pulsschlag des Lebens.

Dein Glaube sei so stark

Dein Vertrauen sei so beständig
wie die Heide in den Wicklow-Bergen,
deine Hoffnung so fest
wie das Felsengras in den Brandon-Mountains,
deine Träume seien dem Himmel so nah
wie die Bergseen von Connemara.
Dein Glaube sei so stark
wie die Feenbrücken in Donegal.

Erlaube, Herr …

Da der Tag vor meinem Fenster Abschied nimmt
und ich die Hände in den Schoß lege,
bitte ich, o Herr,
du mögest dein Ohr zu mir herabbeugen,
die Anliegen meines kleinen Lebens zu vernehmen,
die Sorgen anzuhören,
die mich bedrücken.

Wenn ich, so gering ich bin,
wahrgenommen werde von dir,
dem großen, heiligen Gott,
so erlaube mir, mich ganz,
mit allem, was ich bin und habe,
mit meiner Familie,
mit meinem Haus,
mit meinem Stall
und meinem Vieh,
in deine Hände zu geben
mit der Bitte um Segen und Schutz.

Alles, was ich bin,
wodurch mir der Odem des Lebens zuteil wurde,
verdanke ich dir, nur dir,
du unermesslicher, hoher Gott.
Da du mir dein Ohr leihst
auf mein inständiges Bitten hin,
erlaube mir, dass ich dich preise
mit dem kleinsten Wort
und dem größten Wort,
mit allen Silben, die ich spreche,
um dein Lob zu verkünden in Zeit und Ewigkeit.

Du Gott voller Treue

Du bist der Gott voller Treue,
ein liebender Gott voller Gnaden.
Du zeichnest mich gegen alle Flüche,
du schützt mich vor allem verderblichen Zauber.
Du bist ein Gott des Lebens voll Mitgefühl.

Du verzeihst mir,
wenn ich leichtsinnig daherrede,
wenn ich mutwillig schwöre,
wenn ich Dummes tue
und mit meinen Worten nur leeres Stroh dresche.

Du warst im Anfang an meiner Seite
als meine Wege begannen,
sei, o Gott, auch am Ende meines Weges,
wo immer er sich
mit allen Straßen des Lebens vereint.

So wie du bei mir warst
als du meine Seele formtest,
so sei auch bei mir,
wenn ich das Ziel meines Lebens erreiche.

Verlass mich jetzt nicht,
was ich auch tue,
wo ich auch bin.
Ob ich gehe oder stehe, liege oder schlafe -
wende dein Auge nicht von mir,
du Gott voller Treue.

Am Abend – In der Nacht

Möge Gott über dich wachen und dich beschützen
in dieser Nacht und in jeder Nacht,
die noch kommt.

Alte Menschen auf den Inseln entblößten still ihren Kopf, wenn sie die Sonne morgens aufgehen sahen. Sie murmelten einen Hymnus. Wenn die Sonne im westlichen Ozean versank, nahmen die Menschen abermals ihre Kopfbedeckung ab, verneigten sich bis auf den Boden und sagten:

Ich hoffe, dass der große und gnädige Gott
in der uns geschenkten Zeit
das Licht der Gnade nicht löschen möge,
eben wie du, o Gott, mich auch in dieser Nacht
nicht verlassen mögest.

Mögest du den Tag so beschließen,
als wenn es der Letzte in deinem Leben wäre.

Möge der Tag sich mit einer lichten Wolke
von dir verabschieden.

Möge der Abendwind nie heftiger
als der Sturm
am Morgen sein.

Durch die Tür des Schlafes
trittst du in eine andere Welt,
kurz nur, nicht von Dauer.
Bald schon bist du von deiner Seelenreise zurück,
und du findest dein Körper-Haus voller Trauer.

Mögest du auf der Reise durch die Nacht
nur gute Träume haben.

Möge das Feuer in deinem Herd
auch in der dunkelsten aller Nächte
nie verlöschen.

Ich versorge mein Feuer

Ich versorge diese Nacht mein Feuer
wie Marias Sohn es tun würde.
Gottes Anteilnahme sei mit mir und dem Feuer,
Gottes Anteilnahme sei mit mir und allen,
Gottes Anteilnahme sei mit mir und dem Herd,
Gottes Anteilnahme sei mit mir und den Räumen,
mit jeder Viehherde und kleinen Schar
und mit jedem Haushalt.

Wie die Sonne
im Schoß des Meeres versinkt,
so vertraue dich dem Schoß des Schöpfers an,
der dich geborgen hält
wie ein schutzbedürftiges Kind.

Gott schütze das Haus

Gott schütze das Haus, das Feuer, die Angehörigen,
jeden, der hier zur Nacht hereinkommt.
Schütze mich selbst und meine geliebte Familie,
schütze uns vor Gewalt und jeglichem Schaden.
Schütze uns vor Feinden in dieser Nacht.

Um des Sohnes der Mutter Maria willen
schütze uns an diesem Ort, an jedem Platz,
an dem wir zur Nacht verweilen.
Schütze uns alle in dieser Nacht und in jeder Nacht,
diese Nacht und jede Nacht.

Segen für die Wohnung

Segne du, o Gott, die Wohnung
und jeden, der in ihr diese Nacht Ruhe sucht.
Segne du, o Gott, alle meine Lieben
– in der heutigen Nacht,
in jeder einzelnen Nacht,
am heutigen Tag
und an jedem folgenden Tag.

Himmlisches Licht

Mein Bett hat vier Enden.
Vier Engel mögen an den Bettpfosten Platz nehmen.
Wenn ich in dieser Nacht sterbe,
möge Gott mich in sein himmlisches Licht aufnehmen.
Matthäus, Markus, Lukas und Johannes,
segnet dieses Bett, in dem ich liege.

Im Namen der Nacht

Ich mache dieses Bett
im Namen des Vaters, des Sohnes und des Heiligen Geistes.
Im Namen der Nacht, in der ich empfangen wurde,
im Namen der Nacht, in der ich das Licht der Welt erblickte.
Im Namen des Tages, in der ich die Taufe empfing,
im Namen jeder Nacht und jeden Tages,
im Namen aller Engel, die im Himmel sind.

Legen wir uns zur Ruhe

Zwischen Maria und ihrem Sohn,
Brigid und ihrem Mantel,
Michael und seinem Schild,
Gott und seiner rechten Hand,
zwischen uns und jedem Bösen
legen wir uns zur Ruhe.
Mögen wir uns nie mit einem Übel zur Ruhe begeben,
und möge das Böse sich nicht mit uns niederlegen.

Verbanne alles Böse

Ich strecke mich aus auf diesem Bett
wie der Sohn Gottes auf dem Kreuz ausgestreckt wurde.
Der Mantel der heiligen Brigid bedecke mich.
O glorreiche Jungfrau, du bist für mich wie tausend Lieben,
du Freundin meiner Seele, die den Himmel ersehnt.
O Jesus Christus, der du ans Kreuz geschlagen wurdest,
der Hunderte und Tausende Wunden erlitt,
verbanne alles Böse,
das in dieser Nacht nach mir Ausschau hält,
meinen Leib und meine Seele zu verderben,
jetzt und in der Stunde meines Todes. Amen.

Bleibe, Vater, bleibe

Wenn ich in den Schlaf falle,
bleibe, Vater, bleibe.
Da ich nach sicherer Ruhe strebe,
schließe du, Christus, meine Augenlider.
Da ich schlafen möchte,
segne du mich, Heiliger Geist.
Ihr heiligen gesegneten Drei,
schließt mich in euch ein,
damit ich erfrischt aufwache,
um wieder um euretwillen zu arbeiten.

Schlaflied

Schlaf du an der Seite der Welle,
schlaf du, mein Liebling.
Schlaf du an der Seite der Welle,
bis ich mit dem Fangen der Krebse aufhöre.

An der Seite der Welle, an der Seite der Welle,
immer an der Seite der Welle mit dem Gesang der Woge
im Ohr meines kleinen geliebten Jungen.

Wenn ich auch zur Quelle gehen würde,
es gäbe dort keinen Trank für meinen Liebling;
ich würde für ihn meine Ziegenherde melken
und ich würde meine Schafe zum Melken versammeln.

Feentraum

Letzte Nacht verbrachte ich in einem Gasthaus,
letzte Nacht verbrachte ich gesund und sorglos,

letzte Nacht blieb ich in einem Haus mit Strohdach,
in dieser Nacht werde ich in einem Feenhügel sein.

Sie gaben mir Wein, sie gaben mir Milch,
sie reichten mir Sahne und Leckereien,
sie gaben mir Honigwaben
und nährten mich mit Brustmilch.

Mögen Gott und Maria uns und alle,
die uns nahe stehen,
während der Nacht vor Tod und Unglück beschützen
bis der Morgen kommt.

Möge jede Nacht dir so viel neue Kraft schenken,
um dem neuen Tag ausgeruht
entgegentreten zu können.

Gib uns zur Nacht

Gib uns, o Gott, die Morgenspeise,
sie ist dem Leib eine Wohltat, dem Körper unserer Seele.
Gib uns, o Gott, von den sieben Broten,
genug, um dem Mangel abzuhelfen.
Gib uns, o Gott, von der honigsüßen schäumenden Milch,
den Saft, der Leben kräftigt,
die Milch von den blühenden Farmen.
Gib uns zur Nacht von dem Korn, bis es reicht,
gib uns zur Nacht von dem Getränk, das nicht schadet.
Gib uns, o Gott, einen gesegneten Schlaf,
bleibe im Schatten der von dir gewobenen Nacht.

Schenke uns diese Nacht, die so nahe dem Himmel ist,
den Kelch der sanften Maria, der zärtlichen.
Sei bei uns am Tag,
sei bei uns in der Nacht,
sei bei uns bei Licht und Dunkelheit,
bei unserem Zubettgehen und Aufstehen,
im Gespräch, beim Spaziergang, im Gebet.

Verdunkle nicht dein Licht

O Gott des Lebens,
verdunkle nicht dein Licht vor mir.
O Gott des Lebens,
entziehe mich nicht deinem Wohlwollen.
O Gott des Lebens,
verschließe nicht deine Tür vor mir.
O Gott des Lebens,
halte deine Gnade nicht von mir fern.
O Gott des Lebens,
unterdrücke deinen Zorn über mich.
O Gott des Lebens,
kröne mich mit deiner Freude.
Ja, o Gott des Lebens,
kröne mich mit deiner Freude.

Gott lächelt dir zu

Möge dein Herz sich in Dankbarkeit
an manchen reichen Lebenstag erinnern.
Mit den Jahren wachse jede Gabe,
die Gott dir verliehen hat,
um andere mit Freude zu erfüllen
und glücklich zu machen.
Wie du es auch tust: Gott lächelt dir zu.

Segne, o Gott, den Mond

Segne, o Gott, den Mond über mir,
segne, o Gott, die Erde unter mir,
segne, o Gott, meine Frau und meine Kinder,
und segne, o Gott, mich selbst,
der sich um sie sorgt.
Ja, segne meine Frau und meine Kinder
und mich, der für sie sorgt.

Segne, o Gott, worauf mein Auge ruht,
segne, o Gott, was meine Hoffnung ist,
segne, o Gott, meinen Verstand und meine gute Absicht,
segne sie, du Gott des Lebens.
Ja, segne, o Gott meinen Verstand und meine gute Absicht,
o segne sie, du Gott des Lebens.

Segne mir die Gefährtin meiner Liebe,
segne mir die Arbeit meiner Hände,
segne, o segne mich, o Gott,
segne den behüteten Raum meines Lebens.

Segne, o Gott, meinen Schlaf,
ja, segne den behüteten Raum meines Lebens.

Beschütze mich mit deiner Macht

Du göttliches Wesen, dem kein Geschöpf gleicht,
beschütze mich mit deiner Macht.
Du Wesen, das keinem Gesetz unterliegt,
nicht mal der Lauf der Sterne
– begleite mich in dieser Nacht.
– Leib und Seele
sind dir anbefohlen,
bewahre sie in dieser Nacht.
Erhalte mich rechtschaffen
zwischen Himmel und Erde,
zwischen dem Geheimnis deiner Gesetze
und meinem von Blindheit geschlagenen Auge.

Beides, das, was mein Auge sieht
und das, was sich ihm entzieht,
das, was klar ist,
und das, was einer Deutung bedarf,
empfehle ich deinem Schutz.

In deinem Namen

In deinem Namen, o Jesus,
der du gekreuzigt wurdest,
lege ich mich zur Ruhe nieder.

Wache über mich, wenn mich der Schlaf entrückt,
halte du mich in deiner Hand.
Beschütze mich auch, wenn der Schlaf entweicht
und halte mich fest in deiner Hand.

Segne mich, o mein Christus,
sei du mein Schild, der mir Schutz gibt,
lenke meinen Fuß
und führe mich zum ewigen Leben.
Geleite mich zur Anschauung Gottes,
o guter und gütiger Sohn der Jungfrau.

Leidenschaftlich bitte ich dich
um deinen starken Schutz
von dem Augenblick an,
da ich mich in der Dämmerung niederlege
bis zu dem Moment, wo ich mich am Tag erhebe,
ja, bis ich mich am Tag erhebe.

Beschirme mich

Du, Herr, mächtiger Gott,
beschirme und beschütze mich diese Nacht,
du Herr, du mächtiger Gott,
in dieser Nacht und jeder Nacht.

Rette und befreie mich von Schuld,
rette und befreie mich von Sünde,
rette meine Seele und meinen Leib
in jeder Dunkelheit und jedem Licht.

Segne mir das Land, das mir verheißen ist,
segne mir die Dinge, die mein Auge sehen wird,
segne mir die Eindrücke, die ich wahrnehmen werde.
Du Gott meines Lebens,
segne meinen kommenden Zustand und meine Beschaffenheit.

Das leichte schwarze Tuch der Nacht

Möge Gott das leichte, schwarze Tuch der Nacht
über dich ausbreiten
und dich in einen erholsamen Schlaf versetzen.
Möge er einst auch das schwere, schwarze Tuch des Todes
auf dich legen,
aber nicht, um dich mit ihm zu ersticken,
sondern hinüberzunehmen in ein grenzenloses Land
voller Licht.

Zu Alter, Krankheit und Tod

Mögen sich die Orte der Dunkelheit
in Stätten des Lichtes verwandeln.

Möge das Licht deiner Seele so stark sein,
dass es dich im Alter führt.

Mögest du keine Angst vor dem Alter haben.
Mögen deine Sorgen schwinden wie das Eis in der Sonne.

Möge dir das Auge deiner Seele so viel Weisheit schenken,
dass du die Zeit deiner Ernte zu segnen weißt.

Möge dir das Alter einen Vorgeschmack
von ewiger Freiheit geben
und dich nicht mit Sorgen und Ängsten bedrücken.

Mögest du bereit sein,
das zu ernten, was du gesät hast.

Mögest du im Alter gesegnet sein,
und mögest du in dir einer unendlichen Liebe
zu dir selbst begegnen.

Die rechte Hand Gottes

Möge die rechte Hand Gottes
uns auch im Alter immer führen.
Die Gnade Christi verteidige uns immerzu gegen den Feind.
O Herr, lenke unsere Herzen auf friedliche Wege,
durch Christus, unseren Herrn.

O Mensch, bedenke dein letztes Ende
und verbringe dein Alter nicht mit Torheit und Lüge.

Möge jede Krankheit sich schnell wieder von dir verabschieden.

Ich beklagte, dass ich keine Schuhe hatte,
bis ich einen Mann traf, der keine Füße hatte.

Mögest du gesegnet werden von denen,
die auch für dich leiden
und in deinem Namen Schmerz ertragen.

Mögest du, wenn du den Berg der Schmerzen erklimmen sollst,
treue Freunde an deiner Seite finden.

Mögest du erkennen,
dass auch am Baum des Leidens
kostbare Früchte wachsen.

Mögest du in der Gewissheit leben,
dass kein Haar ungezählt von deinem Kopf fällt,
selbst wenn der erbittertste Sturm wütet.

Mögest du auch dem Engel des Leidens
deine Gastfreundschaft nicht versagen.

Möge die Quelle deiner munteren Worte
beim Anblick eines Kranken nicht versiegen.

Möge es in deinem Leben
keine verschenkten Tage geben,
aber viele, die du anderen schenkst.

Ob am Morgen, ob am Abend,
ob an Land oder auf See,
ich weiß ja, dass ich sterben muss,
und doch weiß ich nicht wann, wo und wie.

Mögest du, wenn du stirbst,
den Tod auf dem Kopfkissen erleben
in deines Erlösers Gegenwart.

Mögest du auch in der letzten deiner Nächte
so wachsam sein,
dass du den Weg in den Himmel nicht verfehlst.

Mögen die,
die auf dem Weg zum Himmel vorausgegangen sind,
uns gute Wegweiser sein.

Möge deiner Hand Glück beschieden sein,
mögest du nicht in Sünde sterben,
und mögest du nie die Hand verstauchen,
die mit den Armen teilt.

Wenn deine Augen sich schließen

Wenn deine Augen sich schließen,
dein Mund den letzten Seufzer tut,
wenn deine Sinne sich zurückziehen,
wenn dein Herz bricht und deine Glieder erkalten
– an dem Tag tröste Gott deine Seele.

O heiliger Michael, ich rufe deinen Namen an,
Johannes der Täufer, auch zu dir bete ich
wie zu jedem Heiligen, der im Himmel ist:
Rettet meine Seele am Tag meines Todes.

Die heilige Jungfrau möge kommen
und ihren reinen Arm ausstrecken.
Sie möge sagen: Bereue deine Sünden!
Sicher werden wir mit ihrer Hilfe
Gnade finden vor dem himmlischen Gerichtshof.

Mögen die,
die man zur ewigen Ruhe gebettet hat,
die Posaune des Jüngsten Gerichtes nicht verschlafen.

Mögest du die zukünftige Welt
nicht wie ein fernes fremdes Land betrachten,
sondern wie eine Heimat,
die dich in Geborgenheit umfassen,
behüten und aufheben will.

Möge der, der dich auf Erden
geringschätzig mit Füßen trat,
im Himmel dein Schuhputzer sein.

Mögen sich dir die Grenzen zwischen den Welten
nicht als unüberwindbar erweisen.

Möge dein Engel dich aus dieser
in die jenseitige Welt geleiten
und dich keine Umwege führen müssen.

Mögest du schon auf Erden
einen Vorgeschmack vom Paradies erhalten.

Im Herzen der Zeit wohnt die ewige Sehnsucht
nach der Gegenwart Gottes.
Mögest du eine Ahnung davon in deinem Leben erspüren.

Möge auch der Himmel dir Raum
für deine Träume lassen.

Der Tod ist ein schlichter Mann
und kündigt sich nicht lange an.

Du wirst den Tod nie begreifen,
solange er nicht an deine Tür klopft.

Vor dem Tod kannst du dich nirgends verstecken.

Du König

Du König des Mondes und der Sonne,
du König der geliebten Sterne,
du weißt, was wir brauchen,
o du barmherziger Gott des Lebens.

An jedem Tag, den wir erleben,
jedes Mal, wenn wir erwachen,
wenn Ärger und Verdruss unsere Stimmung verdunkelt,
wenden wir uns an den König der gastlichen Erde,
der uns liebt.
Sei mit uns an jedem Tag,
sei mit uns in jeder Nacht.

Mit dir zur Ruhe

Jesus, ich begebe mich mit dir zur Ruhe.
Mögest du dich mit mir zur Ruhe begeben.
Salbe mich in meinen Träumen heute Nacht.
Lass einen friedvollen Schlaf über mich kommen.

Vater, dem ich mein Leben verdanke,
Sohn, der mich erlöste,
du, Heiliger Geist, der mich mit Gnade erfüllt,
bleibt bei mir heute Nacht, ihr heiligen Drei.

Maria, strahlende jungfräuliche Königin,
wirf meine Sünden weit hinter mich,
hilf mir, sie alle zu bereuen,
ordne meinen Willen und meinen Verstand.

Und wenn ich vor der Morgendämmerung sterbe,
bitte ich, gut vorbereitet zu sein,
um meinem Gott zu begegnen, den Heiligen Drei, dem Einen,
um an der himmlischen Freude für immer teilzuhaben.

Keltisches Gebet

Ich kehre heim mit dir, in dein Haus, in dein Haus,
ich kehre heim mit dir, in dein Haus aus Winter.
Ich kehre heim mit dir, in dein Haus, in dein Haus,
ich kehre heim mit dir, in dein Haus aus Herbst, aus Frühling
und aus Sommer.
Ich kehre heim mit dir, zu deinem Kind meiner Liebe,
zu deinem ewigen Bett, deinem immer währenden Schlaf.

Zwei Dinge ...

Möge dir immer bewusst sein,
dass es nur zwei Dinge gibt,
über die du dich wirklich ärgern musst:
Entweder bist du gesund, oder du bist krank.

Bist du gesund, gibt es keinen Grund, sich zu ärgern:
Bist du krank, gibt es nur zwei Gründe,
über die du dich ärgern kannst:
Entweder wirst du gesund werden oder sterben.

Wenn du gesund wirst, gibt es keinen Grund, sich zu ärgern.
Wenn du jedoch stirbst, gibt es nur zwei Gründe,
über die du dich ärgern kannst:
Entweder kommst du in den Himmel
oder in die Hölle.

Wenn du in den Himmel kommst,
besteht kein Grund, sich zu ärgern.
Wenn du aber zur Hölle fährst,
wirst du so verdammt beschäftigt sein,
Freunden die Hand zu schütteln,
dass du keine Zeit hast,
dich zu ärgern ...

Möge deine Seele
in der Umarmung Gottes lächeln.

Mögest du den Tod heiter und gelassen empfangen,
umgeben von den Menschen, die dich wirklich lieben.

Du gehst nicht in die Fremde,
du gehst nach Haus.

Der Tod führt dich auf den Weg
zurück in die Heimat,
die du niemals verlassen hast.

Wenn deine Zeit kommt,
möge dir jeder Segen
und jede Kraft geschenkt werden,
die du benötigst.

Gottes Segen sei mit den Seelen der Toten,
und möge noch viel Zeit vergehen, bis wir ihnen folgen.

Bleibe an meiner Seite

Du Engel Gottes, der du mich lenkst
und durch die Gnade des Vaters behütest,
der du mich durch die Liebe des Sohnes umarmst,
durch die Weisheit des Heiligen Geistes lehrst,
bleibe an meiner Seite auf dem Weg durch die Dunkelheit
in das barmherzige Licht jenseits der Schwelle,
die an die Pforten des Himmels führt.

Dank deiner Führung

Du Leitstern über mir,
du Engel an meiner Seite,
mein Lebensschiff steuert an Riff und Sandbank vorbei
dank deiner Führung,
lenke es über den Kamm der Woge
zum ruhigen Hafen der schweigenden See.